# 三晋民国
# 老照片

SanJin MinGuo
LaoZhaoPian

收 集　　编 撰
曹安吉　　高恒如

编 印
朔州市三晋文化研究会
朔州天成电冶有限公司

山西出版传媒集团　三晋出版社

# 前　言

尘封近百年的民国老照片，

由于时代更迭、战乱丢弃和"文革"损毁，残留在民间的寥寥无几，显得尤为珍贵。

如今，它们撩开面纱与公众见面，在述说三晋大地昔日那一段段鲜为人知的故事。

尽管它是沧海一粟，很不完整，但却拉近了这段离我们最近而又陌生的时代距离，

起到亲身感受触摸历史，品味三晋文化的作用。

因而，抛砖引玉，"征集照片背后的故事，追寻祖辈当年的影像"，

使它形成一种互动，这便是我们编印这本画册的初衷。


民国时期的三晋大地，

正值新旧嬗变、社会鼎革，加之阎锡山统治的地方色彩，

无论政治运行、文化教育、社会治理、商务活动，都体现出山西特色和"阎氏风格"，

这里收藏的一张张散落在民间的老照片，

折射出当时山西的社会面貌、经济特色和文化发展，再现了当年的峥嵘岁月，

成为民间记录时代变革、阶级冲突、社会转型的宝贵资料。


能为研究民国历史的学者专家，提供一些蛛丝马迹的影像资料，实为幸事。

由于能力、资料有限，表述有待准确。

恳请有识之士给予大力支持，斧正完善。

实事求是，记录历史，不以讹传讹，贻误后人。

# 导　视

# 01

## 【社会·人文】

民国初期山西的社会环境较为稳定，阎锡山主政山西后，
不仅在政治上极力推动地方自治，在军事上竭力发展地方武装，
而且大力推行了以普及为主的国民教育；
创办了以发展经济为主的职业教育；
开通了以知识为主的社会教育。
为了解决教师供不应求，师范教育也在此时得到了发展。
广泛开展的各种形式的民众学校，使山西教育事业取得了明显成效，
到抗战爆发止，全省文盲率降了十个百分点，位居全国之首。

孝义县第一区李家庄村公所区行政长村间长暨息讼会会员全体摄影

【背景·链接】山西的息讼会缘自民国时期村政的实施。为了解决民生之苦和实现三民主义，减少争讼、改变生活成为当时两大重要问题。阎百川总司令论山西民众苦难和论山西县村间长对实行村政作用的两道手谕成为村政在山西落实的开始。阎锡山在治理山西时心系桑梓，无时无刻不把这两件大事放在心上。民国九年至十四年间国内各省均提倡进行自治，但却效果甚微。只有山西认认真真办理村政，且收到了村政的效果，赢得自治模范的美誉。

照片尺寸：27x21cm　　无粘板

左云县监所民众欢送翟管狱员摄影纪念　民国二十一年十月二十五日

左云县监所民众欢送瞿管狱员摄影纪念　民国二十一年十月二十五日

**【背景·链接】**据《左云大事记》载：民国二十二年（1933）焦士亨任左云县长，由于政治腐败，纪律松弛，监狱看管失职，一夜之间犯人竟越狱，逃跑一空。

照片尺寸：19.5x13.5cm　　粘板尺寸：30x23cm

泉峰轻便铁路管理所仝人摄影　民国二十六年四月一日

泉峰轻便铁路管理所仝人摄影　民国二十六年四月一日

【背景·链接】民国十年（1921）泉峰铁路建成，由山西督军府经营，为口泉至张家峰的轻便铁路。民国时期，大同地区的各大煤矿所开采的煤炭大多由各矿的轻轨运抵口泉镇后，再运到大同火车站，对外进行销售。如晋北矿务局在永定庄与口泉之间，有宽轨铁路线4.2公里；在煤峪口与口泉之间，有宽轨铁路线2公里。

照片尺寸：21.5x16cm　　粘板尺寸：30x23cm

泉峰轻便铁路员工团聚摄影　民国二十六年四月一日

日一月四年六十二国民影攝團五員路鐵便輕峰泉

泉峰轻便铁路员工团聚摄影　民国二十六年四月一日

【背景·链接】"泉峰铁路从口泉站到张家峰，全长共二十三公里"，所以晋北矿务局所开采的煤炭大多由井口可直接运至口泉，保晋分公司大同公司也是如此，"自煤矿到口泉，设有轨距为三十英寸的轻便铁路线，长达四点三公里"，所以保晋公司大同分公司的铁路也能通过轻便铁路运输至口泉。

照片尺寸：21.5x16cm　　粘板尺寸：30x23cm

民国年间的应县木塔　应县警察所官警在木塔前巡逻

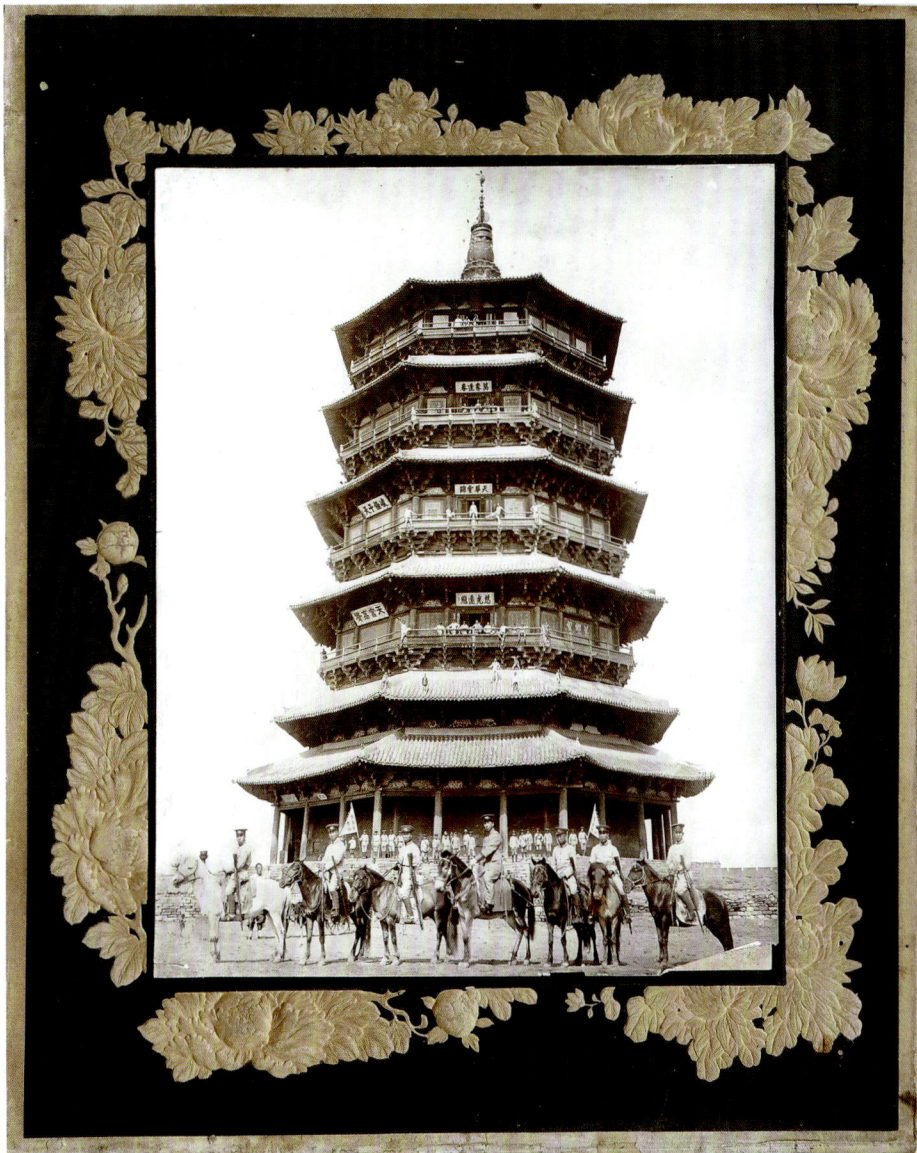

民国年间的应县木塔　应县警察所官警在木塔前巡逻

【背景·链接】民国六年，阎锡山推行"六政三事"，建立"行政网"，编定村制，代行警察职权。民国十六年六月，阎锡山在山西采取省、县两级体制。县专设警察所（日伪时期的警察所，它的雏形是维持会的治安科，后治安科扩组为警务局。日寇投降后，阎锡山接管，警察所改为警察局），维护社会治安。民国二十二年（1933），应县有警察80名，枪支94支，弹药20832发，并设管狱员负责管理监狱犯人。警察所全年经费6642元。另有保卫团团丁4393人，协助维护社会秩序。

照片尺寸：21.5x28cm　　粘板尺寸：32x38.5cm

朔县民军营成立纪念摄影（摄于崇福寺千佛阁） 民国十五年二月一日

朔县民军营成立纪念摄影（局部，摄于崇福寺千佛阁）　民国十五年二月一日

【背景·链接】朔县民军营营长李志仁（1876—1926），字乐山，清秀才。民国初期任灵丘、榆次县警佐。被地方绅商推为朔县商会会长，后被朔县城防司令魏德新（字铭山）冤杀。民国二十二年十月二十一日，李志仁次子李枢在太原北门街枪杀了魏德新，十月二十三日太原《大公报》以《轰动并市之李枢代父报仇案——前任团长魏德新被击毙命》为题，在第四版开篇报道，轰动太原。

魏德新（1891—1933），民国十五年任晋军41团团长，率部驻扎朔县，兼任城防司令。晋军驻朔后，民军营成立不久，遂行溃散，由晋军改编。李志仁充任征运局协理，为魏筹办军需，疲于奔命。地方结怨军队，军队得罪地方，互为成见，这是其一。其二，魏托李购买鸦片，意在勒索。李秉公守法，不予理睐。其三，时值冯玉祥国民军围攻朔县，旅长赵守钰与魏系师生，写信劝魏献城投降，魏同意并召集绅商议事，李志仁主张坚守。不日，阎锡山联系吴佩孚、张作霖部队助战，国军败退。魏怕泄其投降之事，假托李名，伪造一份投降书，设法陷害，杀人灭口，造成冤案。此乃李枢为父报仇之因。

照片尺寸：25x20cm　　无粘板

山西代县阳明堡车站汽车合作社宪兵稽查处汽路管理局及各栈房经理联欢合影　民国十九年十月二十九日
（摄于阳明堡山西省路北二段管理局门前）

山西代县阳明堡车站汽车合作社宪兵稽查处汽路管理局及各栈房经理联欢合影
民国十九年十月二十九日 （摄于阳明堡山西省路北二段管理局门前）

【背景·链接】中统是收集国民党内部情报的组织，即国民党中央委员会统计局的简称；军统是收集军队情报的组织，即国民党中央军事委员会统计局的简称，但后来两者都收集各方面的情报。宪兵就是军队的督察，相当于现在的军队保卫部门。

　　阳明堡原名羊头城，1065年筑堡，因地处滹沱河之阳，后遂演变为阳明堡。位于代县县城以西9公里处，是代县的西大门，也是我国古今重要的军事要地，同时又是商贾票号的起源地。它坐落于雁门关下，抗日战争前，阎锡山曾在此建了一个简易飞机场。日寇占领代县后，抓来大批民夫，强行扩建，作为进攻忻口的后方基地和空中物资转运站。1937年9月25日，八路军一一五师在平型关要隘，伏击歼灭日本侵略军第五师团的第二十一旅团一千余人；10月18日，一二〇师部队在雁门关以南伏击日军运输队，断敌运输线并收复雁门关；10月19日，一二九师部队夜袭阳明堡日军机场，烧毁敌机24架。八路军在对日军作战中连获胜利，沉重地打击了日军的侵略气焰，极大地鼓舞了全国军民坚持抗战的信心。

照片尺寸：19.5x14cm　　粘板尺寸：30x23cm

山西代县中学校第九班学生旅行五台山显通寺摄影　民国十六年清和月

**山西代县中学校第九班学生旅行五台山显通寺摄影　民国十六年清和月**

【背景·链接】1903年，代县中学校的前身——代州中学堂建立，是山西省创办最早的中学之一。民国三年（1914）改为代县初级中学。

　　民国四年（1915）之后，先后办过山西省立第五师范、山西省立第三女子师范、山西省立第四师范、雁南师范、山西省立代县师范和山西省立代州师范等六所师范学校，它们与代县中学几经分合，构成了代县中等教育的发展史。1954年，山西省代县师范学校并入代中，成为省立中学。1956年，代中开始招收高中班，成为完全中学。

　　显通寺位于五台山内台怀镇北侧。寺内七座殿，是明代万历三十四年（1606），神宗命妙峰法师用磨砖砌成的一座华严道场。寺宇规模宏大，为五台山五大禅处之一。寺之历史甚古。东汉永平年间（58—75）始建，原名大孚灵鹫寺，后魏孝文帝再建，名花园寺。唐太宗时重修，名华严寺。明太祖朱元璋重修后赐额"大显通寺"。后来历经扩建修葺，形成今日规模。现为全国重点文物保护单位。寺宇面积8万平方米，各种建筑400余间，中轴线殿宇7座，由南至北依次为观音殿、文殊殿、大佛殿、无量殿、千钵殿、铜殿和藏经殿。这些殿宇造型略异，各具特色，保存完好。

照片尺寸：27x21cm　　粘板尺寸：38.5x32cm

颂崞县第二区长兼县佐相之李老先生雅范

颂崞县第二区长兼县佐相之李老先生雅范

【背景·链接】民国七年十二月，在县、村间增设区制，每县设3～6区，每区置区长1人。民国十六年六月三日，阎锡山在山西悬挂青天白日旗，表示承认南京国民政府领导，采取省、县两级体制。民国二十二年实行县长制，将原来的县公署改为县政府。民国时期的区公所为县政府的派出机关。

照片尺寸：27.5x20cm　　粘板尺寸：38.5x32cm　　五台东冶镇鸿文广照相馆

峄县留并友仁同乡欢送贺蔚、张正心、续芝庭毕业纪念摄影　一九三六年六月二十一日

芝庭学兄惠存

峄县留并友仁同乡会全赠

毕业纪念摄影 贺蔚 张正心 续芝庭君 欢送乡同仁友并留峄县

峄县留并友仁同乡欢送贺蔚、张正心、续芝庭毕业纪念摄影　一九三六年六月二十一日

品种：老照片——个人照片
属性：普通成人，民国，黑白，带粘板，相关题跋，单张，无底片
简介：题跋为"芝庭学兄惠存，峄县留并友仁同乡会同赠"

照片尺寸：19x13cm　　粘板尺寸：30x23cm

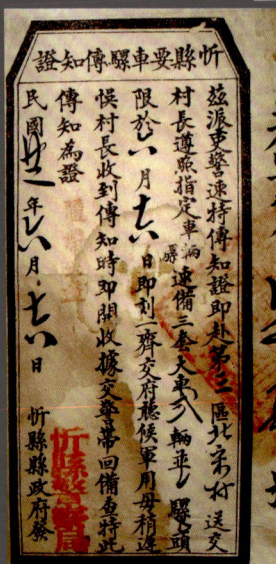

忻县警察局全体官警欢送高局长荣升、欢迎张局长莅任纪念摄影　一九三五年三月十三日

【背景·链接】民国十六年六月，阎锡山在山西采取省、县两级体制，县专设警察所。民国二十二年（1933）实行县长制，将原来的县公署改为县政府。据民国二十二年六月十六日忻县县政府发，忻县警察局签章，忻县吏警持《忻县要车骡传知证》交村长，遵照指定车骡数量交府听候军用。可见，日寇侵占前，忻县县政府就设置了警察局。

照片尺寸：16x11cm　　无粘板

昭和十八年一月二十二日（民国三十二年）太原铁路学院中国人第十二回速成车守科生修了纪念 1943.1.22.摄于播明站

【背景·链接】1940年至1941年间，日伪先后开设有"太原铁路学院"和"山西高等音乐学院"，但因师缺生乏和经费不济，这两所学校均在开办不久即告停办。到1942年时，日伪再次在太原市杏花岭街设立了"山西省立桐旭医学专科学校"。随后于1943年，在太原东缉虎营，由"华北日本语普及协会"创办的"太原日本语专科学校"亦告成立。到1944年时，由伪山西省公署收办改组为"山西省立口语专科学校"，以期达到内容充实之目的。该校到1945年时又改为"山西省立师政专科学校"。1944年，伪山西省公署还开办过"政经夜学馆"。

播明站在山西省忻州市播明镇，建于民国二十四年（1935），隶属太原铁路局太原铁路分局管辖。现为四等站。（附"卒业证书"一张，供参考）

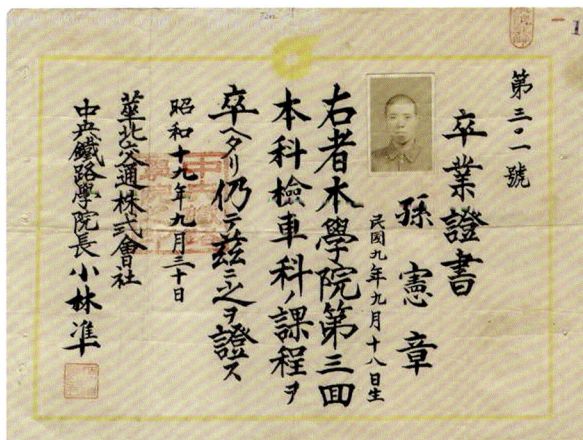

照片尺寸：18×12cm　无粘板

山西实验村实生活学校全体同仁合摄　　民国二十二年十二月一日

山西实验村实生活学校全体同仁合摄　民国二十二年十二月一日

**【背景·链接】** 河边村在民国十年以前就完成了从初小到中学的教育，可以说满足了阎锡山的用民政治中对教育的规划。教育的投资完全是阎个人的投资，并没有留下具体数目，但从各个学校中所有房屋、仪器设备、书籍、体育场等来看，费用是相当大的。而在民国十年之后，几乎没有在教育上有所投资。到民国二十年（1931），河边村及其附近只成立了一所小学，就是在实验村盖起的一座崭新的"实生活小学校"。

照片尺寸：19.5x13.5cm　　粘板尺寸：30x23cm　　五台东冶镇鸿文广照相馆

青年芸 影合生師級溫校學活生實村驗實西山

山西实验村实生活学校温级师生合影　民国二十二年十二月

山西实验村实生活学校温级师生合影　民国二十二年十二月

**【背景·链接】**河边村两等小学（指初小和高小）于1920年合并至川至中学。初小是民初阎锡山号召打烂神像办学堂时成立的，分四个年级，以及一个补习班。高小是民国四年九月建成的。内有教室、寝室、仪器等储藏室30余间，购置体育器械、标本仪器480余种，中外书籍多种，其余桌椅、零星用具等无不齐全，学生全部免收学费。后并入川至中学，称为附属小学。

照片尺寸：19.5x13.5cm　　粘板尺寸：30x23cm

槐阴学校油刷部全体同人在文昌楼上摄影　民国二十六年四月二十五日

槐阴学校油刷部全体同人在文昌楼上摄影　民国二十六年四月二十五日

【背景·链接】　槐荫村属五台东冶镇所辖。该村背山面水，坐北朝南，布局优美，树木葱茏，春暖花开之时，景色尤佳，故"槐荫春绿"为五台古八景之一。因槐荫村的姑娘普遍长相俊美，因而被誉称"不用挑"。

　　槐荫村在民国元年，创办了第一所公立学校。民国二年，建立了五台县第一座女子学堂。民国二十三年（1934），时任山西晋军骑兵司令的槐荫村人赵承绶，自己投资4万元大洋，新建一所"槐荫两级学校"，并为学校亲笔题匾。还派专人到太原国民师范学校，聘用优秀的师范毕业生来学校任教，为社会培养了大批人才，时称"华北第一名校"。新中国建立后，利用优越的办学条件，五台县在村中建立槐荫初级中学、槐荫师范学校。

照片尺寸：14x19.5cm　　粘板尺寸：23x30cm　　五台东冶镇鸿文广照相馆

五台教院同学欢送徐虚舟、王国贞、王静基、方祥甫、杜亮公毕业纪念摄影　民国二十年五月十日

五台教院同学欢送徐虚舟、王国贞、王静基、方祥甫、杜亮公毕业纪念摄影
民国二十年五月十日

品种：老照片——个人照片
属性：普通成人，民国，黑白，带粘板，相关题跋，单张，无底片
简介：十五人合影毕业纪念　太原瑞丰照相馆

照片尺寸：19x14cm　　粘板尺寸：30x23cm　　太原瑞丰照相馆

五台东岗村刘姓旅省同族合影　民国二十二年季春识

五台东岗村刘姓旅省同族合影　民国二十二年李春识

品种：老照片——个人照片
属性：普通成人，民国，黑白，带粘板，相关题跋，单张，无底片
简介：六人影室照

照片尺寸：20x14cm　　粘板尺寸：30x23cm　　太原瑞丰照相馆

欢送李良甫常XX荣任禁烟检查委员纪念摄影　民国十五年九月九日

**欢送李良甫常XX荣任禁烟检查委员纪念摄影　民国十五年九月九日**

【背景·链接】民国五年，阎锡山提出了"用民政治"，其以"六政三事"为中心，禁烟乃"六政"之一，同时还设立了"禁烟考核事务所"。之后发布的《人民须知》专设《戒吸烟》一条。民国十七年七月，南京国民政府颁布《全国禁烟会议组织条例》，十一月，全国禁烟会议召开第一次大会，设立全国禁烟委员会，厉行铲除烟毒之计划。随后，山西省政府颁发了《禁毒烟事告谕人民文》，要求烟民：由民国二十五年起，按年岁分五年戒烟。然山西禁烟后，毒品价格猛升，周边省份的烟土纷纷流入市场。抗战时期，日本人在河南相继设立了金丹制造厂。丹料进入路线也有三条，晋城一路，高平一路，长治一路。山西境内的吗啡、丹药等高纯度毒品，即由日本公司设在天津租界的工厂生产。"七七事变"后，日本侵略军更是怂恿其占领区大量种植鸦片，并公卖毒品，开设烟馆，先前的戒烟成果毁于一旦。由于日伪大力推行毒化政策，山西毒品泛滥，吸毒人数高达20万人。

中国近代的开端始自鸦片战争，国家的衰败与兴起竟皆与此有关。不知有多少志士仁人为之泣血宵吟，扼腕长叹。文明在启蒙，富强在启智，禁烟何不然。否则，烟是禁了，但烟瘾还会以另外的形态不时出现。启蒙与救亡，启智与强盛，是那个时代未完成的主题。

照片尺寸：19.5x13.5cm　　粘板尺寸：30x23cm　　太原美华照相

民国九年双十节前三日晋省旅法同学合影

民国九年双十节前三日晋省旅法同学合影

品种：老照片——个人照片
属性：普通成人，民国，黑白，带粘板，相关题跋，单张，无底片
简介：旅法同学合影，背面书"摄影于法国普湾城中卓浅"
后排左起：李国垣（浑源）、马溥恩（榆次）、耿秉璋（直隶）、赵僖（榆次）、田象
　　　　　棋（五台）、王国宾（宁武）、陈廷栋（定襄）、阎效文（五台）
前排左起：刘敬业（宁武）、XXX、王骏发（寿阳）、丁梦龙（宁武）、南相周（宁武）

照片尺寸：17x11.5cm　　粘板尺寸：27x22cm

民国九年双十节前三日普湾公学旅法中国同学邀校长白利沙及其夫人并学监亨利共摄一影

民国九年双十节前二日
普湾公学旅法中国同学邀校长白利沙及其夫人并学监亨利共摄一影

品种：老照片——个人照片
属性：普通成人，民国，黑白，带粘板，相关题跋，单张，无底片
简介：旅法中国同学邀校长白利沙及其夫人并学监亨利合影
前排左起：丁梦龙（宁武）、亨利、校长夫人、校长幼女、校长白利沙、陈廷栋（定襄）
中排左起：耿秉璋（直隶）、王骏发（寿阳）、郭振钧（湖南）、XXX、李国垣（浑源）
　　　　　赵　僖（榆次）、马溥恩（榆次）
后排左起：阎效文（五台）、张翰超（湖南）、南相周（宁武）、郑志（湖南）
　　　　　田象棋（五台）、王国宾（宁武）子卓裁浅于普校

照片尺寸：17x11.5cm　　粘板尺寸：27x22cm

太原国民师范学校

## 太原国民师范学校

**【背景·链接】**阎锡山执政期间，由于普及教育计划的推行，教师供不应求，师范教育也在此时得到了发展。其中，民国八年(1919)在太原创办的省立国民师范是当时太原最大的学校之一。从另一个角度讲，国民师范不仅为教育事业的发展培养了雄厚的师资力量，而且为中国革命培育了大批优秀干部，如徐向前、薄一波、程子华等老一辈革命家都曾就读于国民师范。国民师范学校创办时，赵戴文兼任校长，校址在小北门街。当年，该校共有26个班，学生1570人，教职员79人。抗战时期停办。民国三十四年(1945)抗日战争胜利后，阎锡山返回太原，在上马街原山西农林专科学校校址恢复山西国民师范学校。1953年，按照省统一规定，山西国民师范学校改名为太原第二师范学校，并选址修建新校舍。1956年，太原第二师范学校迁往坞城路新址(今太原三十八中所在地)。1958年与一师、女师合并为太原师范。

照片尺寸：19.5x13.5cm　　粘板尺寸：30x23cm　　太原华昌摄影

山西省立第一师范学校文水同乡欢送赵吉甫、韩世兴、张楫三、张莜周、贺冠山、石衡傅
由本校毕业摄影纪念　民国十七年五月十三日摄于太原本校

山西省立第一师范学校文水同乡欢送赵吉甫、韩世兴、张楫三、张莜周、贺冠山、石衡傅
由本校毕业摄影纪念　民国十七年五月十三日摄于太原本校

【背景·链接】民国元年(1912)九月，山西省教育司在原山西两级师范学堂基础上成立山西省立太原师范学校。民国二年(1913)四月，改称山西省立第一师范学校。民国二十三年(1934)，山西省立第　师范学校改称山西省立太原师范学校。抗日战争爆发后，省立太原师范学校师生先迁往介休，再迁闻喜。随着日本侵略军的大规模进逼，大部分学生投奔抗日部队，学校停办。民国二十八年(1939)九月，日伪山西省公署在省立太原师范学校原址办起了省立第一师范学校。民国三十年(1941)十二月三十日，省立第一师范学校改名为太原师范学校。1953年，按照省统一规定，太原师范学校改名为太原第一师范学校。1956年，太原第一师范学校迁到水西关新校址(今太原十五中所在地)。1958年与二师、女师合并为太原师范。

照片尺寸：19.5x13.5cm　　粘板尺寸：30x23cm　太原博芳照相馆

欢送白君仲莘山大毕业摄影　民国二十一年五月九日

**欢送白君仲铧山大毕业摄影　民国二十一年五月九日**

【**背景·链接**】山西大学堂，光绪二十八年(1902)由山西巡抚岑春煊奏准创建。接收令德堂及晋阳书院师生，以省城乡试贡院为堂舍。它是我国创办最早的大学之一，也是我国省立大学的先声。同年四月，英国传教士李提摩太在清廷的允许下，以"庚子赔款"山西部分来太原拟办中西大学堂。后与山西大学堂合并，并达成拟立中西大学堂改为山西大学堂西学专斋合同。

　　光绪三十年(1904)秋，山西大学堂侯家巷新校园落成，全体师生迁入新址(今太原师范学院附中所在地)。民国元年(1912)，按照北京教育部规定，山西大学堂改名为山西大学校，取消中西两斋，改设预科和本科。民国七年(1918)，全国参议院中央选举会将山西大学校列为国立大学，称国立第三大学。民国二十年（1931），山西大学校正式改为山西大学。

照片尺寸：13.5x9.5cm　粘板尺寸：21x17cm　太原同生美术照相

欢送吴殷三郝锦卿毕业摄影　民国二十六年五月二十七日

欢送吴殷三郝锦卿毕业摄影　民国二十六年五月二十七日

品种：老照片——个人照片
属性：普通成人，民国，黑白，带粘板，相关题跋，单张，无底片
简介：五人校园照，欢送吴殷三郝锦卿毕业留影

照片尺寸：13.5x9cm　　粘板尺寸：21x18cm　太原美丽兴照相馆

欢送黄象南、安天衢、王明甫、栗子亨、刘淑眉、张耀远毕业纪念摄影　民国十九年四月九日

欢送黄象南、安天衢、王明甫、栗了亨、刘淑眉、张耀远毕业纪念摄影
民国十九年四月九日

品种：老照片——个人照片
属性：普通成人，民国，黑白，带粘板，相关题跋，单张，无底片
简介：十四人毕业纪念照

照片尺寸：19.5x14cm　　粘板尺寸：30x23cm　太原同生照相

欢送成重五云山高中毕业纪念　贺承业、陈志修、温兆凯敬赠

欢送成重五云山高中毕业纪念　贺承业、陈志修、温兆凯敬赠

**【背景·链接】**云山高级中学位于太原市小铁匠巷的玄通观西部，民国十三年（1924）夏季创办。名誉校长冀贡泉，责任校长冯伦。这是本省第一所挂出"高级中学"牌号的私立学校。它的校门不用玄通观旧门，而是新开在前所街西口南侧。抗战爆发，太原沦陷，云山中学撤走。民国三十四年(1945)抗战胜利后，在隰县复校的进山中学和在吉县成立的克难分校陆续迁回太原。1946年秋，云山中学也在旧址复校。1949年4月24日太原解放，太原市军事管制委员会接管了太原中学、阳兴中学、市立中学、私立进山中学、新民中学、三晋中学、云山中学、明原中学和加辣女中。各中学于5月上旬陆续复课。经撤并组合后，到年底全市有中学7所，学生1825人。1952年8月，经省人民政府批准，私立进山中学、新民中学、三晋中学和云山中学改为公立中学。

照片尺寸：13.5x9.5cm　　粘板尺寸：22x17cm　太原同生照相馆

觉民书报社第十七周年全体同仁摄影纪念　社长雷梦麟 题 民国二十三年二月

觉民书报社第十七周年全体同仁摄影纪念　社长雷梦麟　题　民国二十三年二月

**【背景·链接】** 雷梦麟(1890—1947)，字瑞尼，山西吕梁中阳县布施村人。清光绪二十九年(1903)，其父雷振声因系义和拳的大旗手，被捕入狱。梦麟为父上诉，由中阳流落太原。初在鼓楼街长茂店当小伙计，后到晋阳报社打临时工。每日沿街叫卖《晋阳》、《山西》、《并州》3种报刊。民国四年(1915)天津《大公报》初创刊时，委托雷推销，他租赁楼底铺面营业，名为"天津大公报太原分馆"，其实订户无几，仍以叫卖为主。民国六年在张叔平(离石人)、贺其颖(贺昌)、郭爱民(洪洞人)的帮助下，正式命名为"觉民派报社"。这时，除出售本省报刊外，还经销上海的《申报》、《新闻报》及北京、天津、武汉、香港、新加坡等各地报刊。成为太原发行报刊和红色书籍的创始者。

民国二十年(1931)，"觉民派报社"改名为"觉民书报社"。除推销各种报刊外，又增添了政治、经济及社会科学等新书，成为太原市经销进步书籍的唯一书社。日军侵华，太原沦陷，辍业两载。民国二十八年(1939)春复业。当时，日军在侵占区垄断新闻，禁止销售进步书籍。雷梦麟为维护书报社宗旨，三进日本宪兵队。民国三十三年，吕梁八分区城工部敌工组派刘太江与雷联系，他表示：虽出生入死，也要为国效劳。从此，"书报社"成为共产党太原市地下工作点，只经营丸散膏丹中成药品和一些陈旧书籍，日本出版的书刊概不经销。

抗日战争胜利后，书报社竟被阎锡山当局洗劫一空，损失惨重。幸得革命人士支援，雷借款赴各地采购书刊复业。民国三十五年(1946)夏，"书报社"又遭阎锡山查封，并将伙友一齐扣捕，有的被阎锡山特警处杀害。经多方营救，雷梦麟于当年秋被释放。这时"书报社"欠债累累，再无力复业。后经中阳旅并乡友王嘉猷等倡议，召集同乡集资入股，重新开办"觉民派报社"，经理仍为雷梦麟。此时，阎锡山《阵中日报》总编辑刘剑尘，欲夺"觉民"为己有，向天津大公报捏造谎言，诬陷雷有通敌之嫌。于是，民国三十六年一月又被押进阎锡山的特工队，二月初出狱，十二月月含愤逝世，时年57岁。
(另有黄埔军校学员刘玺，别名效中，24岁，籍贯山西永宁，通讯地址太原觉民派报社)

照片尺寸：27.5x21.5cm　　粘板尺寸：38.5x32cm　　太原天光美术照相

天津市私立山西旅津小学校附设簿记夜校第一届毕业生暨教职员全体合影　民国三十一年五月

天津市私立山西旅津小学校附设簿记夜校第一届毕业生暨教职员全体合影
民国三十一年五月

【背景·链接】山西旅津小学校（占用"山西会馆"五号院，将后大院作操场），民国三十五年增设了中学，扩大了招生，学生大部分是旅津同乡的子女。1949年天津市解放后，50年代初学校改为天津市北门东中学和天津市大胡同小学校。将关圣大殿及东西配殿都改为教室。

山西会馆正门经常关闭。日常走东便门，由便门进去有一段过道，对面是磨砖雕刻花砌成的影壁，影壁上曾挂着山西旅津同乡和山西旅津小学校的牌子。"山西会馆"由山西旅津同乡会管理。当时在天津锅店街开设"永信蔚油漆颜料庄"的汾阳人蔚官年担任山西旅津同乡会的会长。他委托王二爷（名不详）负责日常工作，如向各家商铺、住户收房屋租金，对会馆建筑的维修管理，每月的初一、十五给关圣帝上供品、烧香等。

照片尺寸：27x20.5cm　　粘板尺寸：38x32cm　华真照相

并州学院同人留别纪念　民国二十二年九月

并州学院同人留别纪念　民国二十二年九月

【背景·链接】民国十一年(1922)由赵希复、张四科等21人发起成立私立山右大学，校址设在上马街万寿宫，后又迁至东门内(今山右巷)兴建的新校舍。民国十三年(1924)由兴贤学社40余人组建成立山西私立兴贤大学，校址在东缉虎营四川会馆，后迁至南门外新建的校舍。民国十八年(1929)夏，山右和兴贤两校合并为私立并州大学，在原山右大学校址内建设新校。民国二十年(1931)，私立并州大学改称太原私立并州学院。民国二十四年(1935)，私立并州学院停办。

照片尺寸：19.5x14cm　　粘板尺寸：30x23cm　　太原府美丽兴照相馆

民國念三年平遙縣南長壽鎮初級小學校第一班學生畢業攝影紀念

平遥县南长寿镇初级小学校第一班学生毕业摄影纪念　民国二十三年

平遥县南长寿镇初级小学校第一班学生毕业摄影纪念　民国二十三年

品种：老照片——个人照片
属性：普通成人，民国，黑白，带粘板，相关题跋，单张，无底片
简介：平遥县南长寿镇初级小学校第一班学生毕业纪念照

照片尺寸：20x14.5cm　　　粘板尺寸：30x23cm

民国年间孔祥熙建的学校（背书"铭贤学院，孔旧居太谷"）

民国年间孔祥熙建的学校（背书"铭贤学院，孔旧居太谷"）

【背景·链接】1907年，孔祥熙先生在美国与孙中山先生进行历史性会面后，受孙中山先生革命思想的影响，产生了教育救国和实业救国的理念，回国创办了山西铭贤学校和自己的实业体系。1907年，秋季，孔祥熙先生完成了他在美国的学业，回到山西太谷老家，把基督教公理会在华兴办的山西太谷县南门明道院设立的小学改成新式小学堂"山西铭贤"学校。1909年，孔祥熙先生将山西铭贤学校迁往太谷县东门外孟家花园。1915年，山西铭贤学校增加了大学预科。1937年10月，山西铭贤学校为逃避日本侵略，从山西迁往陕西三原，1943年间又迁往四川成都金堂县的金塘镇，加办了铭贤工学院和农学院。1950年，山西铭贤学院迁回山西太谷。后来山西铭贤学院的工科合并于太原工学院，农科发展为新创办的山西农业大学。

（注：原成都铭贤的商学院则在四川与其他院校的商学院合并成立为西南财经学院）

照片尺寸：20x14cm　　粘板尺寸：30x23cm

龙泉村村长副暨闾长全体摄影纪念（文水县）　民国十五年冬月

龙泉村村长副暨闾长全体摄影纪念（文水县）　民国十五年冬月

【背景·链接】民国六年，阎锡山实行"村本政治"，实行编村制，设村长、村副和村公所。每一编村管300户，超过300户者增设村副，不足300户者，联合设置编村。编村设若干闾，每闾管五邻，每邻管五户，设闾长、邻长。

照片尺寸：27x22cm　　粘板尺寸：38.5x32cm

文水县立第四高等小学校

## 文水县立第四高等小学校

**【背景·链接】** 民国六年（1917），文水国民高等小学改称县立第一高等小学（简称一高），是年，省府倡导女子教育，本县在城内北街大关庙，率先建立女子高等小学。之后，孝义、下曲、南庄、开栅等村也办起女子学校。女校的筹办，不仅培育了文水第一代知识女性，同时也是对沿袭数千年"男尊女卑"封建陋习的一大挑战。民国九年，下曲、南庄分别设立文水第二高等小学和第三高等小学（简称二高、三高）。其间，全省推行初等义务教育，本县国民小学发展到161所，其中女子小学已有21所，在校生总数8540名，女生有624名。至民国二十六年（1937），全县计有初级中学1所、高等小学5所、两级小学3所、初等小学145所，在校初中生150名、高小生624名、初小生11524名。四高不详。

校门两旁楹联：欧美输文明应探讨化电源流声光实际

孔孟传心法须注重诗书用世性道存身

桃李一门网罗环境诸子荟萃於□

轩窗四面经营广厦万间作育□□

校训：端品励学　朴实耐劳　（以上文字雕刻而成）

照片尺寸：19.5x13.5cm　　粘板尺寸：30x23cm

欢送张通三、冯宜亭、续瑞亭毕业纪念摄影　民国二十年五月二十四日

欢送张通三、冯宜亭、续瑞亭毕业纪念摄影　民国二十年五月二十四日

品种：老照片——个人照片
属性：普通成人，民国，黑白，带粘板，相关题跋，单张，无底片
简介：欢送张通三、冯宜亭、续瑞亭毕业纪念照

照片尺寸：19.5x14cm　　粘板尺寸：30x23cm　容丰照相

孝义县第二区下栅镇女子国民学校摄影志念　民国十年十月二十九日

孝义县第二区下栅镇女子国民学校摄影志念　民国十年十月二十九日

品种：老照片——个人照片
属性：集体合影照，民国，黑白，带粘板，相关题跋，单张，无底片
简介：孝义县第二区下栅镇女子国民学校摄影纪念

照片尺寸：20x14cm　　粘板尺寸：30x23cm

孝义县立高等小学校十四五两班学生毕业摄影

影攝業畢生學班兩五四十校學小等高立縣義孝

孝义县立高等小学校十四五两班学生毕业摄影

【背景·链接】民国元年，高、初等小学堂分别改称高、初等小学校。民国三年（1914），创办了"孝义第四区初高小学校"（位于孝义县高阳镇），该校为高等小学校。民国五年，初等小学校改称国民学校。民国十三年（1924），学校进行调整，高等小学校更名为两级小学校，高阳镇为第四区第一两级小学。国民学校更名为初级小学校。

照片尺寸：26x21cm　　粘板尺寸：38x30cm

离石县初高等女小学校全体摄影　民国五年十月

离石县初高等女小学校全体摄影 民国五年十月

【背景·链接】离石县初高等女小学校创立于民国四年，据《离石县志》记载，离石高等小学堂改名离石县立高等小学校，校址在今贺昌中学文庙院内。民国七年（1918）贺昌在此就读。1927年，离石县私立初级中小学在文庙内兴办，城内人傅秉雄任校长，挂牌"离石中学"。七七事变后被迫停办，1943年后又开办两年。1945年9月，抗战取得全面胜利，政府利用日伪中学的基础，筹建了晋绥"建新中学"。离石县议会副议长刘菊初任校长。1946年3月，学校正式开始上课，有学生60余名。后经考试分为两个班：中一班、中二班。1946年后半年学校向北扩建，学生增加到200余名。前院增加了中三班，后院新开了师范班，后改为干部队。为纪念贺昌革命烈士，"建新中学"于1946年8月15日正式改为"贺昌中学"。

1947年，为避国民党敌机轰炸，学校搬到枣林。6月因"抗旱避荒"和防空备战等原因，学校暂时停办。师生投入解放战争中，男生参军参战，女生大部分到战地医院当护员。1948年9月，学校遵照上级意见复课。后与"贺龙中学"合并称为"贺昌中学"。1949年6月，贺中从大武搬回离石城内原校。1949年9月1日"贺昌中学"改为"山西省立贺昌中学"，由省政府直接管理。

照片尺寸：27x21cm　　粘板尺寸：38.5x32cm

平顺县两级女校职教员学生旅行彩凤山摄影　民国十四年九月九日

平顺县两级女校职教员学生旅行彩凤山摄影　民国十四年九月九日

【背景·链接】平顺县城之南山名彩凤山。古代，彩凤山上青松翠柏，古木参天，山花烂漫，栌枫争艳；山脚垂柳摇曳，溪水涓涓，一年四季，色彩斑斓，苑若彩凤屏仪于青羊山之前。民国二十九年（1940）版《平顺县志》载："彩凤山，位于县治之前，巍然耸起，势若拱臂，峰峦突出如凤头，左右山岫若凤翼，迤逦西去似凤尾，上植松柏无数，中杂栌橡，八九月间红叶黄花与苍松翠柏相掩映，凭城远眺，若凤凰然。"故名彩凤山。

　　民国元年（1912）在现一中创建了平顺县立第一高小，1952年人民政府在原县高小基础上，创建平顺中学初中部，1958年建立高中部，是长治市首批重点中学之一。民国初年，平顺县还在龙门寺兴办平顺第二高小，主教室在大雄宝殿，僧房成了先生们的宿舍。抗战时，学校曾一度搬迁，直至1949年5月才迁回，其时破坏较重，不少房屋已摇摇欲坠。平顺县两级女校不详。

照片尺寸：20x14cm　　粘板尺寸：30x23cm

民国十七年二月二十六日自省堂前摄影

民国十七年二月二十六日自省堂前摄影

品种：老照片——个人照片
属性：普通成人，民国，黑白，带粘板，相关题跋，单张，无底片
简介：五人自省堂前摄影，背书"郭大和时年22岁"。六枚印章印文分别为：郭大和记
郭生钰图 郭生钰印（重复） 记珍 真光

照片尺寸：14.5x19.5cm　　粘板尺寸：23x30cm

西华锡福

## 西华锡福

【背景·链接】《天界传真》一书记载："东天"乃东方之天也，为尧、舜、禹三官大帝之所居。"紫微宫"乃"天宫大帝——尧帝"所居；"清虚宫"乃"地宫大帝——舜帝"所居；"青华宫"乃"水宫大帝——禹帝"所居；东天紫微宫上层，即为"上元一品锡福天官——尧帝"坐镇之处，乃在世为仁王、施德政、亲爱民者也。紫微宫下第四府——"锡福延年府"，位于东天第二层天，专掌人间福寿。凡世之人，若知勤修道果、行善德，上天必能锡福；如世人不作亏心事、一味行善德，虽阳寿该终，虔诚叩求者，亦可延年益寿也。上天庇佑善德之人，世人应弃恶从善、多立善功，自有好报也。

砖雕楹联：汾水东流活动人民生计 商山西峙保障汉族安康；阜贿鲜愠舞诰薰风治国宁邦唯神是赖；裕国德民 物阜民康。

照片中的背景及人物不详。

照片尺寸：20x14cm　　粘板尺寸：30x23cm

民国二十九年大佛寺摄　落款：民国二十九年在正定府与王利仁　郜　棣　侯子敬　曹来廷　摄

民国二十九年大佛寺摄

落款：民国二十九年在正定府与王利仁 郜 棣 侯子敬 曹来廷 摄

**【背景·链接】**河北正定县大佛寺——隆兴寺是国内现存时代较早、规模较人而又保存完整的佛教寺院之一。 始建于隋开皇六年(586 )，原名"龙藏寺"。宋初，太祖赵匡胤敕令在龙藏寺内铸造铜佛，并盖大悲阁，遂大兴土木，以大悲阁为主体的一组宋代建筑先后告成。到了清康熙、乾隆年间，又两次大规模维修和增建，寺院发展到鼎盛时期。清康熙四十八年(1709)，改龙藏寺为隆兴寺，俗称大佛寺。历代帝王曾多次到此巡幸驻跸，上香礼佛，题诗书匾。照片中人物不详。

照片尺寸：14x19cm 粘板尺寸：23x30cm

修身道张承易春节师生摄影于普善堂　民国三十二年元旦日

修身道张承易春节师生摄影于普善堂　民国三十二年元旦日

品种：老照片——个人照片
属性：普通成人，民国，黑白，带粘板，相关题跋，单张，无底片
简介：张承易师生于普善堂合影

照片尺寸：27x21cm　　粘板尺寸：38.5x32cm

民国三十年三月念日友邦纪念摄影

民国三十年三月念日友邦纪念摄影

品种：老照片——个人照片
属性：普通成人，民国，黑白，带粘板，相关题跋，单张，无底片
简介：六人影室照，民国三十年三月二十日拍摄

照片尺寸：19.5x14cm    粘板尺寸：30x23cm

六虎闹东京永济摄影纪念　1936年1月29日

六虎闹东京永济摄影纪念　1936年1月29日

品种：老照片——个人照片
属性：普通成人，民国，黑白，带粘板，相关题跋，单张，无底片
简介：七人影室照，1936年1月29日摄于永济

照片尺寸：14x10cm　　粘板尺寸：22x16cm

民国十七年孟冬游省合影纪念

民国十七年孟冬游省合影纪念

品种：老照片——个人照片
属性：普通成人，民国，黑白，带粘板，相关题跋，单张，无底片
简介：四人影室照

照片尺寸：20x14cm    粘板尺寸：30x23cm    太原钟楼街光明照相

民国二十六年元宵节东建安国术团全体摄影

民国二十六年元宵节东建安国术团全体摄影

品种：老照片——个人照片
属性：普通成人，民国，黑白，带粘板，相关题跋，单张，无底片
简介：五台县建安乡东建安国术团全体合影

照片尺寸：20x14cm　　粘板尺寸：30x23cm

摯
郊外見王
氏橋川感
其念遠
照一
川福口

余郊外见王氏桥以感其念遂照一影以□□□

品种：老照片——个人照片
属性：普通成人，民国，黑白，带粘板，相关题跋，单张，无底片
简介：单人照，题跋为："余郊外见王氏桥以感其念遂照一影以□□□"

照片尺寸：20x14cm　　粘板尺寸：30x23cm

奉天山西同鄉票友攝影紀念于卅陸與像舘

奉天山西同乡票友摄影纪念于兴陆照相馆　一九三九年正月初一日

【背景·链接】奉天即现在的辽宁省。清朝康熙四年（1665）改镇守辽东等处将军为镇守奉天等处将军。光绪三十三年（1907）裁将军，改设奉天省，省会为奉天府（今沈阳市），辖今辽宁省以及内蒙古呼伦贝尔盟、哲里木盟一部分、吉林西北、西南一部分。奉天省1929年改名辽宁省，民国时期仍习惯称奉天。

　　凡有晋商活动的地方，均能找到梆子戏的遗响，凡梆子戏盛行的地方，必是晋商云集的地方，晋商与戏曲在经济上的联系，首先表现在晋商出资举办梆子戏班。一些富商由爱戏到成为票友，清末张家口的四大票友皆为晋商。大盛魁商号库伦分号掌柜罗弼臣还物色了二十几位票友，成立自乐班，一切开支由大盛魁供给，逢初一、十五在会馆演出，晋中商人从掌柜到伙计，多会唱几句山西梆子。

照片尺寸：19x14cm　粘板尺寸：30x23cm　奉天光陆写真馆

平邑祝丰园（小六月鲜　小十七生　小代狗子　赛京丑）

平邑祝丰园（小六月鲜　小十七生　小代狗子　赛京丑）

【背景·链接】在三晋大地土生土长的晋商，和晋剧即中路梆子有着与生俱来的亲缘关系，他们大都喜爱这种溶着乡情的乡音乡韵，特别是经商致富后，不少商家自愿投入巨资创办起培养晋剧人才的"娃娃戏班"。据刘巨才先生《晋剧百年史话》记述，晋剧的第一戏班"云生班娃娃班"即由祁县张庄村岳彩光创办。岳家在内蒙古等地经营田庄和酿造业，在江苏、河南等地开设钱庄。岳彩光酷爱吹拉弹唱，经商之余，从陕西买回30个十一二岁的娃娃，从苏州购置10副戏箱（即戏装），聘蒲州名艺人老鱼儿任教，又腾出府宅南院盖一小戏台，挂上"秦妙更晋"匾额，为戏班所用。此后，相继出现了不少晋商大贾创办的娃娃戏班，如榆次王湖村的三家窑主合资创办了"三合店娃娃班"；祁县渠家财主创办了"三庆班娃娃班"；太原东米市济生馆药店四掌柜创办了"大小太平娃娃班"；榆次富商崔玉峰创办了"保和班娃娃班"；徐沟东罗村巨商时成瀛创办了"小梨园娃娃班"；榆次车辋常家创办了"乾梨园娃娃班"；平遥巨商尹光禄得力于他的外祖母家日升昌票商李家的大力资助，在南良如璧村创办了大祝丰园(戏班)、小祝丰园(科班)等等。这些从娃娃抓起，培养晋剧人才的戏曲班社，成就了大批晋剧名角。（平邑在山东）

照片尺寸：27x21cm　　粘板尺寸：38.5x32cm

神亭岭之太史慈　孙希龙志

神亭岭之太史慈　孙希龙志

【背景·链接】京剧武戏《神亭岭》，取自《三国演义》，演的是东吴小霸王孙策在神亭岭酣战太史慈的故事。这出武戏一般是由武生演孙策而武净演太史慈（身背双戟）。难得一见的是"外江派"武生演出时孙策不穿长靠而穿软靠（改良靠），更难得一见的是以不勾脸的俊扮武生来演太史慈。

《神亭岭》过去常作为开锣戏、戏班学生的开蒙戏。《神亭岭》与《战马超》异曲同工，《神亭岭》还比《战马超》多一些"两将军"的起霸及武戏文唱片段，南北风格都可以演。照片上题书的"孙希龙"不详。

照片尺寸：9.5x14.5cm　　粘板尺寸：22x30cm

# 02

## 【公司·商号】

晋商曾称雄商界五百年，人们关注的焦点往往是晋中商人，

而作为晋商文化的重要组成部分的区域商业文化，也是可圈可点的。

晋谚有 "南绛北代" 之称，

可见晋北一带商业发展过程中呈现出的一系列地方特色，亦很引人注目。

崞县产梨果，清源出葡萄，

五台之煤铁，河东之盐池，

雁北的煤炭……民间广为流传，

当年本地经商者和西口古道的塞外商业大军，

在商界已经形成了一种浓厚的贵德重义的文化氛围，带动了当地的经济发展。

**源义成铺面**

品种：老照片——建筑物照片

属性：普通铺面，民国，黑白，无粘板，单张，无底片

简介：大同源义成商号，经营纱棉靴鞋、磁器碱矾等杂货。从店前广告牌上可知：旧门面改造，本号暂行交易，各货大廉价，欢迎诸君惠顾。

照片尺寸：28x22cm　　无粘板　　大同北街华丰照相馆摄

民国二十六年晋北矿务局消费合作社同仁摄影

民国二十六年晋北矿务局消费合作社同仁摄影

**【背景·链接】**1924年，阎锡山在大同煤矿开办军煤厂。阎的叔父阎子安主持煤厂。直奉战争时晋军退居雁门关内，煤厂停办。1928年晋北矿务局接办。1929年5月22日晋北矿务局成立，总局暂设在口泉站，后迁至城内帅府街13号，梁上椿任局长。1930年5月晋北矿务局矿厂医院成立，院址设在永定庄工厂。这是大同最早的厂矿医院。8月，晋北矿务总局及永定庄矿俱乐部成立，这是大同煤矿最早的俱乐部。1932年5月，晋北矿务局永定庄矿职工初级小学成立，这是矿区最早的学校。4年后发展为5所，学生60余人。1934年5月，晋北矿务局摄制工作电影一部，参加全国铁路展览会。这是大同煤矿最早的工作电影。7月，再摄一部，参加地质矿冶联会展览会。8月，晋北矿务局工人开展反对"新生活活动"的斗争。1935年，晋北矿务局在局机关和永定庄成立小型图书馆各1个，两馆订阅报刊杂志1700多种。这是本市最早的企业图书馆。晋北矿务局消费合作社何时建立，不详。

照片尺寸：19x13.5cm　　粘板尺寸：30x23cm

大同南关义和亨货店全体摄影纪念　民国二十二年正月初三日

大同南关义和亨货店全体摄影纪念　民国二十二年正月初三日

品种：老照片——个人照片
属性：普通成人，民国，黑白，带粘板，相关题跋，单张，无底片
简介：十九人庭院照

照片尺寸：27x21cm　　粘板尺寸：38.5x32cm　　大同府西街久顺照相馆摄

左云德厚泉全体摄影　民国二十五年丙子元旦

左云德厚泉全体摄影　民国二十五年丙子元旦

【背景·链接】1904年左云始有酿酒业。"德厚泉"商号兼营酿酒作坊。建成投产时资本1000元（银元），年产白酒3500公斤，年产值700元（银元）。

照片尺寸：20.5x16.5cm　　粘板尺寸：30x23cm

晋北左云义丰隆全体摄影　民国丙子年（民国二十五年）正月初八日

晋北左云义丰隆全体摄影　民国丙子年（民国二十五年）正月初八日

【背景·链接】郭绍泰是从山西文水移居左云后的第四代。郭绍泰中年在归绥经商，与左云同乡宋连成，接手著名旅蒙商大盛魁最早的小号大顺泰。大顺泰经营绸缎，1920年时已存在一百多年。大盛魁运往外蒙的绸缎、布匹、鞋帽、药品等货物，大都由天顺泰和鼎盛兴委派买客，到天津、北京、苏州、上海和山西太谷采购，向大盛魁供货，从中获得利润。天顺泰于1931年倒闭。郭绍泰告老还家时带回四千大洋，放到城内万丰恒、义成店等商号。从此闲居在家，安度晚年。

　　郭锦富是郭继泰亲生之长子，十二岁时过继给郭绍泰为子。郭锦富一生从商，主营归绥丰盛隆钱庄，后当了掌柜，干得很出色，赚了不少钱。四十多岁即告老还家，在左云县商号投资，生活较为富裕。1937年阴历八月日寇侵占左云后，钱币大为贬值，郭家从此衰败。

　　义丰隆商号不详，如果取"义成店"、"万丰恒"、"丰盛隆"各一字，似乎可以联系起来，认为也是郭家的商号，待考。

照片尺寸：20x14cm　　粘板尺寸：30x23cm

山西裕晋公司左云县青杨湾煤矿第一坑口

山西裕晋公司左云县青杨湾煤矿第一坑口

【背景·链接】1911年，左云县第一个煤炭企业"裕晋煤矿公司"在青杨湾建立。资本5万元（银元），井田面积13平方公里，坑口5个，矿工200余名，年产原煤6.5万吨，经理徐士玉（五台人）。1916年大同保晋矿务局分公司因资金短缺全行停工后，1917年保晋总公司经理崔廷献与裕晋公司经理阎子安合办元仁煤厂。1918年，阎锡山和北洋政府财政总长梁士诒合办的同宝公司成立。后来，同宝公司合并了裕晋、义昌和民康三个公司，在白洞、长流水、青杨湾、胡家湾设厂采煤。1923年，青杨湾煤窑一百多名山东籍矿工反对窑主、把头打骂、欺侮，举行罢工。窑主勾结反动武装镇压工人，工人烧毁煤窑。

照片尺寸：20x14cm　　粘板尺寸：30x23cm　　大同华珍照相馆

山西裕晋公司左云县青杨湾煤矿事务所

## 山西裕晋公司左云县青杨湾煤矿事务所

【背景·链接】1915年，正是阎锡山拥袁称帝的关键时期，不仅在天镇县筹建了普晋银矿公司，提炼白银，而且在大同口泉筹建了裕晋煤矿公司，开采优质煤。两公司经理都由徐一清担任，阎的本家叔叔阎书康（曾经营过店铺，对阎有恩）担任协理。这两个公司成立之后，业务很不错。以裕晋煤矿公司为例，到1919年资产已达100余万银元，后与交通大亨梁士诒股份经营。

照片尺寸：20x14cm　粘板尺寸：30x23cm　大同华珍照相馆

朔县忠义成五金洋车行三周纪念全部摄影　民国二十四年

朔县忠义成五金洋车行三周纪念全部摄影　民国二十四年

【背景·链接】忠义成五金洋车行在朔县城东大街路北，东临东关帝庙（1958年拆除，改建为影剧院），西邻鄂国公庙（民国八年朔县二高小在该庙办学，解放后为县文化馆），民国二十一年开办，可能与五台河边村同义亨商号有关（据照片背书考证）。

　　背面书：河边村同义亨 交 曲隆官先生收，虎生。

照片尺寸：27.5x21.5cm　　粘板尺寸：38.5x32cm

时于民国三十二年正月朔县德懋源摄影

时于民国三十二年正月朔县德懋源摄影

【背景·链接】德懋源位于朔县城中大街，是民国八年由崞县人开办的棉布商号。从业人员12人，资本3000元（银元），年营业额35000元（银元）。

照片尺寸：19x13.5cm　　粘板尺寸：30x23cm

峻县大牛店庆记同人摄影　民国二十六年

**崞县大牛店庆记同人摄影　民国二十六年**

品种：老照片——个人照片
属性：普通成人，民国，黑白，带粘板，相关题跋，单张，无底片
简介：十人庭院照，崞县大牛店

照片尺寸：20x14cm　　粘板尺寸：30x23cm

太原驻原平德顺亨全体摄影　民国二十五年新正月元旦日

太原驻原平德顺亨全体摄影　民国二十五年新正月元旦日

品种：老照片——个人照片
属性：普通成人，民国，黑白，带粘板，相关题跋，单张，无底片
简介：十人庭院照，原平德顺亨

照片尺寸：19x14cm　　粘板尺寸：30x23cm

河边万顺亨同人摄影纪念　民国二十六年正月

河边万顺亨同人摄影纪念　民国二十六年正月

**【背景·链接】** 1916年，阎锡山支持其父阎书堂在家乡河边村开设经营绸缎布匹和杂货的"庆春茂"，经营粮食米面和烧酒、制粉的"庆春泉"；在忻县开设"庆春厚"钱庄（后改名"聚丰泰"）；在太原开设"道生恒"药铺和"庆和堂"商店。不久，又在河边村以村民储蓄名义开设"协同兴"商店，以办理村福利事业为名，开设"河边营业公社"，以阎氏家族名义开设"思源远"和"积厚成"两家商号。这四家商号以村民或族人的少量投资为点缀，实际上大部投资都是阎书堂的，大权也掌握在阎书堂手中。因此，它们与"庆春茂"和"庆春泉"，被统称为河边阎家六大号。

阎氏还在河边村开设了无营业铺面的内庄"源记"，专搞高利贷业务。此外，太原的"复合公木厂"、"晋森木厂"、"山西营业公社"、"营远汽车公司"、"营记火油公司"、"德生厚银号"、"源积成银号"，天津的"亨记银号"，大同的"裕晋煤矿公司"，包头的"晋复农场"，晋北的"富山水利公司"、"广裕水利公司"和"广裕公司二支店"，河边村的"庆春木厂"，五台县和定襄县的"营业公社"，都有阎家的大笔投资。这些商店和企业的活动颇有特色，经营手段五花八门。河边万顺亨，情况不详。

照片尺寸：27×21cm　　粘板尺寸：38.5×32cm　　五台县河边汉承摄影

五台东冶镇聚德永第四十七周纪念同人摄影　民国十六年元旦

五台东冶镇聚德永第四十七周纪念同人摄影　民国十六年元旦

【背景·链接】　聚德永商号创建于光绪六年（1880），经营杂货兼开办货栈，位于五台东冶镇东街路南。东冶镇，相传因为冶炼铜铁而得名。隋唐实行府兵制，设置东冶府。有碑记载，明万历四十三年重修东冶镇铺，盖大堂三间，东、西配房六间，大门一座。有四街：富东街，穷北街，菜西街，水南街。商铺二百一十户，资金三万多白洋。

照片尺寸：19.5x14cm　　粘板尺寸：30x23cm　　五台东冶镇鸿文照相馆

太原义泰祥开幕纪念　民国三十一年八月六日

太原义泰祥开幕纪念　民国三十一年八月六日

品种：老照片——个人照片
属性：普通成人，民国，黑白，带粘板，相关题跋，单张，无底片
简介：九人影室照，太原义泰祥开幕纪念

照片尺寸：19.5x14cm　　粘板尺寸：30x23cm　太原开明照相馆

太同长途汽车股份有限公司第一届董监会全体摄影　民国二十五年一月一日

太同長途汽車股份有限公司第一屆董監會全體撮影 月日

太同长途汽车股份有限公司第一届董监合全体摄影　民国二十五年一月一日

【背景·链接】民国十四年，兴修大同至太原、大同至丰镇两条长途汽车公路，分别于民国十五年和十六年竣工开通。民国二十年，由十余家私人养车户组织的晋北汽车联营合作社开始营运。民国二十二年，阎锡山的私营企业参股组合为大同汽车公司，专营大同至太原客货运输，直至"七七"事变。

照片尺寸：27x20cm　　粘板尺寸：38x30cm　　太原柳巷北口天光照相馆

天合成同仁摄影纪念　民国二十五年新春佳节

天合成同仁摄影纪念　民国二十五年新春佳节

品种：老照片——个人照片
属性：普通成人，民国，黑白，带粘板，相关题跋，单张，无底片
简介：七人影室照，太原天合成同仁摄影纪念

照片尺寸：19.5x13.5cm　粘板尺寸：30x23cm　太原同生美术照相

清源县洽和生同人摄影　民国二十二年元旦日

品种：老照片——个人照片
属性：普通成人，民国，黑白，带粘板，相关题跋，单张，无底片
简介：五人庭院照，清源县洽和生同人摄影

照片尺寸：20x14cm　　粘板尺寸：30x23cm

民国十五年五月一号同盟合影纪念

民国十五年五月一号同盟合影纪念

品种：老照片——个人照片
属性：普通成人，民国，黑白，带粘板，相关题跋，单张，无底片
简介：六人影室照

照片尺寸：20x14cm　粘板尺寸：30x23cm　太原钟楼街光明照相

太谷县针织第二工厂仝人摄影　民国三十二年十二月

太谷县针织第二工厂 全人摄影 民国二十二年十二月

品种：老照片——个人照片
属性：普通成人，民国，黑白，带粘板，相关题跋，单张，无底片
简介：十三人庭院照，太谷县针织二厂

照片尺寸：19x13cm　　粘板尺寸：30x23cm　太谷美丰镶牙照相馆

灵石双池镇玉德昌仝人全体像　中华民国十六年夏历四月二十九日

灵石双池镇玉德昌全人全体像　中华民国十六年夏历四月二十九日

【背景·链接】民国时期，双池镇属灵石县管辖，镇区内古朴的旧街道狭窄而弯曲，具有典雅明清建筑风格的家门楼、板凳楼、中街戏楼、闫寿楼、祥泰楼、同春堂、恒生余、光裕亨、恒义奎、永泰昌、永发源等字号的商铺和当铺院楼有八十余家。每逢集会，来自内蒙古、宁夏、陕西、河南和省内客商蜂拥而至，一派繁荣景象，是晋西具有悠久历史的商业集镇，素有晋西"旱码头"之誉。1971年5月1日双池镇划归交口县管辖，距交口县城60公里。

照片尺寸：20x14cm　　粘板尺寸：30x23cm

民国二十五年正月初三日仝友纪念摄影

**民国二十五年正月初三日全友纪念摄影**

品种：老照片——个人照片

属性：普通成人，民国，黑白，带粘板，相关题跋，单张，无底片

简介：四人庭院照

照片尺寸：19.5x14cm　　粘板尺寸：30x23cm

德隆泉粮庄铺面

**德隆泉粮庄铺面**

品种：老照片——个人照片
属性：普通成人，民国，黑白，带粘板，单张，无底片
简介：十四人庭院照，德隆泉粮庄铺面

照片尺寸：34x24cm        粘板尺寸：40x30cm

康德四年（1937）岁次丁丑恒义永同人全体摄影

康德四年（1937）岁次丁丑恒义永同人全体摄影

【背景·链接】1931年日本占领东北之后，建立伪满洲国，将溥仪秘密运往满洲。溥仪自1932年3月9日至1934年2月28日任满洲国执政，年号大同，于1934年3月1日登基称帝，年号康德，所以他又被称为康德皇帝。恒义永商号不详。

照片尺寸：14.5x20cm　　粘板尺寸：23x30cm　　□□县□山照相馆

津文華齋同仁全體攝影紀念 民國十七年正月

天津文华斋同仁全体摄影纪念 民国十七年正月

津文華齊同仁全體攝影紀念國民十七年正月

大津文华斋同仁全体摄影纪念　民国十七年正月

品种：老照片——个人照片
属性：普通成人，民国，黑白，带粘板，相关题跋，单张，无底片
简介：天津文华斋同仁全体摄影纪念

照片尺寸：27x21cm　　粘板尺寸：38.5x32cm

# 03

## 【古迹·名胜】

古迹名胜的照片比不上现在彩色照片绚丽多彩，
但那简单纯正的黑白影像，蒙上了一层沧桑的岁月面纱，
朦胧之中让人思绪万千。
如今，开发旅游资源，势如破竹。
不要忘了修旧如旧，保护历史文化遗产是万年大计。
人为臆造，想在百年之后又成为文物的论调可以休矣，
这些旧照片就是证据。还是让我们展示出来吧，见见世面。

明朗北支

山西の奇勝
——雲岡 石佛寺——

BRIGHT NORTH CHINA

Singular landscape of Shansi　　Stone Image Temple of Yunkang

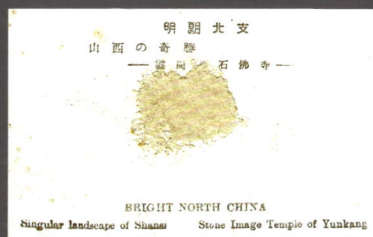

## 山西 奇胜　云冈 石佛寺

【背景·链接】云冈石窟位于山西省大同市以西16公里武周山北崖，主要建于北魏兴安二年（453）到太和十九年（495）间，是中国第一处由皇室显贵主持开凿的大型石窟。整个窟群分东、中、西三部分。东部的石窟多以佛塔为主，又称塔洞；中部"昙曜五窟"是云冈开凿最早，气魄最大的窟群；西部窟群时代略晚，大多是北魏迁都洛阳后的作品。石窟依山开凿，在武州河北岸东西绵延1公里，主要洞窟达51个（其中保存较好的约20个），整个窟群共有大小佛窟1100多个，大小佛像51000多尊，最大佛像高达17米，最小佛像仅有2厘米。最大石窟是第6窟（北魏孝文帝时开凿），由地面到窟顶高达20米。1961年，云冈石窟被国务院列入全国重点文物保护单位。2001年，云冈石窟被列为世界文化遗产。

照片尺寸 9x7cm　　无粘板 背印有日文、英文

浑源县北岳恒山

渾源縣北嶽恒山

浑源县北岳恒山

**【背景·链接】**恒山位于浑源城外正南方向，为我国五大名岳之一，又是道教圣地。早在西汉初年就有营建，历代均有修饰。到明、清，已形成规模宏大的建筑集群，人称"三寺四祠九亭阁，七宫八洞十二庙"。 恒山左右分峙着两座主峰：东壁是穿云摩天的天峰岭；西壁是峻峭巍峨的翠屏山。

照片尺寸：19.5x14cm　　粘板尺寸：30x23cm　浑源华鑫美术摄影社

念

王殿攝影紀
北嶽恒山十
諸同志遊歷
一九三七·三二七·

一九三七年三月二十七日诸同志游历北岳恒山十王殿摄影纪念

念
王殿摄影纪
北岳恒山十
诸同志游历
一九三七·三·廿

一九三七年三月二十七日诸同志游历北岳恒山十王殿摄影纪念

【背景·链接】在玄武亭龙泉甜苦井的西边，建有"白虚观"，这里供奉地藏王菩萨、十殿阎王和黑白无常、牛头马面，所以又称"十王殿"。道教原本没有阎罗王，在佛教与民间习俗的影响下，引入了地狱之说，将自己的太乙救苦殿改革为"十王殿"，将太乙救苦天尊换成地藏王菩萨，将佛教的罗汉、罗刹换成中国的"王"，一殿秦广王，二殿楚江王，三殿宋帝王，四殿伍官王，五殿阎罗王，六殿卞城王，七殿泰山王，八殿都市王，九殿平等王，十殿转轮王。这是佛道融合的典型案例，使地藏王菩萨名正言顺地驻进了道家的洞天福地，体现了恒山"三教合一"的和谐思想。

照片尺寸：19.5x14cm    粘板尺寸：30x23cm    浑源华鑫美术摄影社

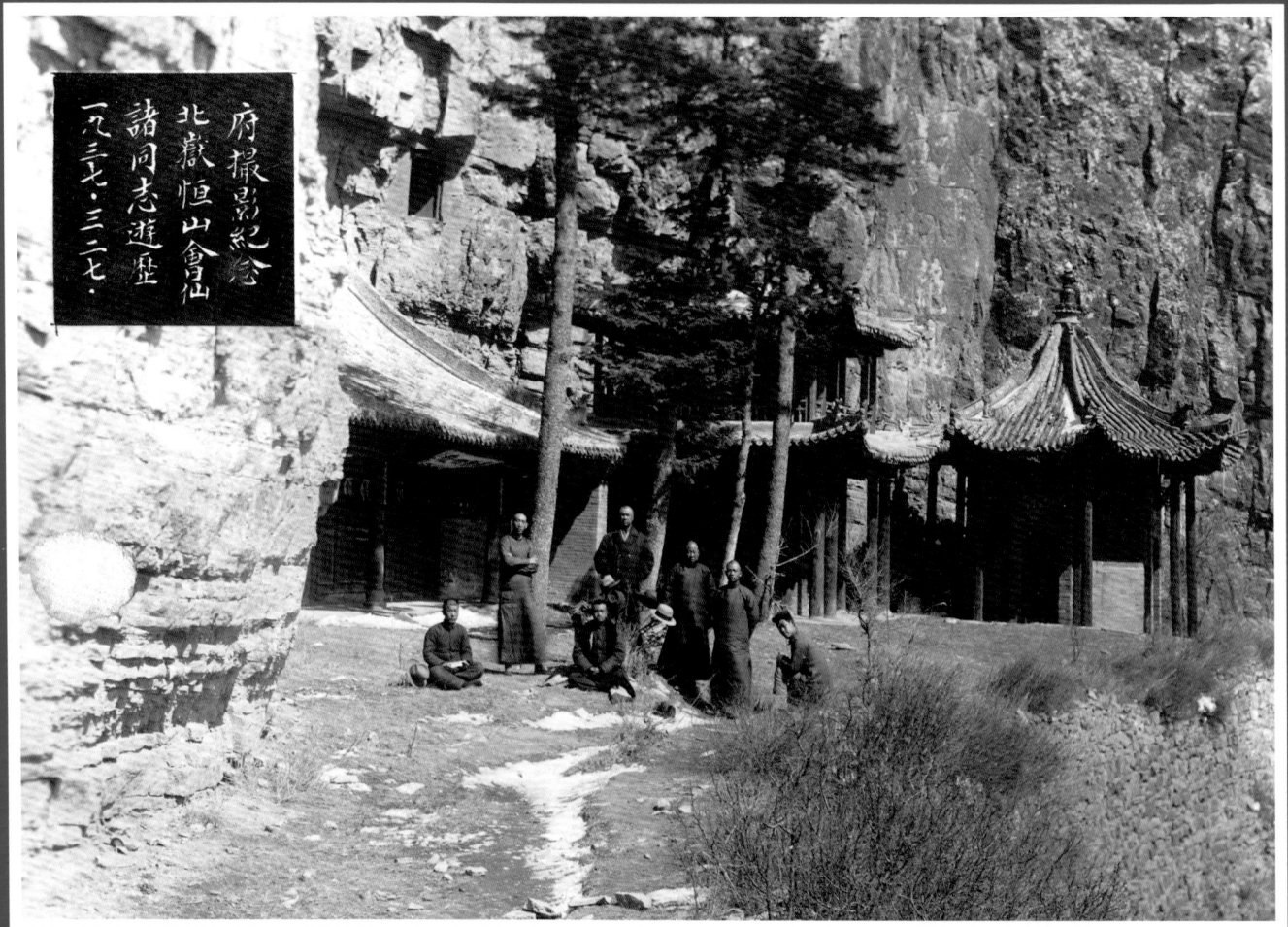

府撮影紀念
北嶽恒山會仙
諸同志遊歷
一九三七·三二七·

一九三七年三月二十七日诸同志游历北岳恒山会仙府摄影纪念

一九三七年三月二十七日谱同志游历北岳恒山会仙府摄影纪念

【背景·链接】相传道教有三十六洞天，七十二福地，皆仙人居处游憩之地。世人以为通天之境，祥瑞多福，咸怀仰慕。道教潜隐默修之士，喜遁居幽静之山林，故多择有仙迹传说之处，兴建宫观，期荫仙风而功道圆满。历代以来，道侣栖止，香客游人络绎不绝，故洞天福地已成为中国锦绣河山之胜境。

照片尺寸：19.5x14cm　　粘板尺寸：30x23cm　浑源华鑫美术摄影社

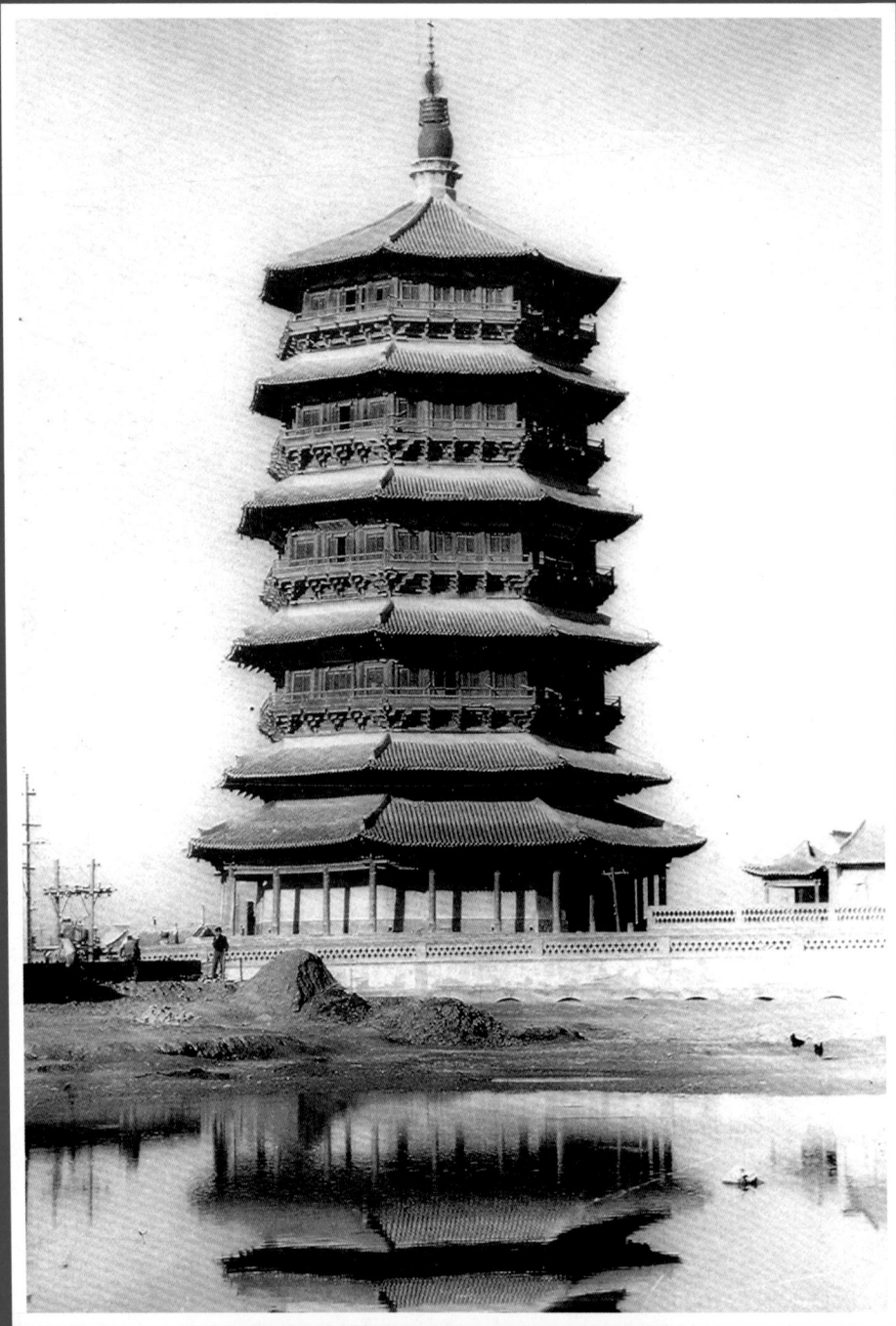

山西应县佛宫寺(释迦)木塔　民国二十三年九月中国营造学社摄影

【背景·链接】民国二十三年九月，建筑历史学家梁思成率 "中国营造学社" 成员，在应县佛宫寺考察测绘辽代古建筑——释迦木塔。到民国二十五年五月完成实地测绘任务。

照片尺寸：8.5x12cm　无粘板

山西应县佛宫寺辽释迦木塔 中国营造学社测绘 民国二十三年九月实测 二十四年六月制图

【背景·链接】梁思成在编制的测绘文本中指出：山西应县佛宫寺(释迦)木塔，可被看作豪劲时期建筑的一个辉煌的尾声。塔建丁1056年(辽清宁二年)，可能是该时代的一种常见形制，因为在当年属辽统治地区的河北、热河、辽宁诸省还可见到少数仿此形制的砖塔。

　　塔的平面为八角形，有内外两周柱，五层全部木构。其结构的基本原则与独乐寺观音阁相近：除第一层外，其上四层之下都有平坐，实际上是九层结构叠架在一起。第一层周围檐柱之外，更加以单坡屋顶("周匝副阶")，造成重檐效果。最高一层的八角攒尖顶冠以铁刹，自地平至刹端高183英尺 (原文有误，应为220英尺，约67米)，整座建筑共有不同组合形式的斗栱56种，我们在上文中提到过的所有各种都包括在内了。对于研究中国建筑的学生来说，这真是一套最好的标本。

山西應縣佛宮寺遼釋迦木塔

中國營造學社測繪　民國廿三年九月實測　廿四年六月製圖

山西应县佛宫寺辽释迦木塔 中国营造学社测绘 民国二十三年九月实测 二十四年六月制图

民国二十四年五月莫宗江教授在木塔底层斗栱留影（他绘制了大部分图版）

【背景·链接】莫宗江（1916—1999年），广东新会人，中国美术家协会会员、中国建筑学会建筑史分会副主任，著名建筑历史学家。营造学社成员，建筑史学家，国徽的主要设计者之一，协助林徽因让景泰工艺重获新生的艺术家，是建筑学大宗师梁思成先生的主要助手。清华大学建筑工程系教授。

1932—1942年，营造学社自北京到四川辗转190县市，先后实地考察测绘古代建筑遗构约2738处，莫宗江参加考察了其中的123个县市约2000个遗址、遗构。在此期间，他以长篇研究论文《宜宾旧州白塔宋墓》(刊载于1944年10月《营造学社汇刊》七卷期)《山西榆次永寿寺雨华宫》(刊载于1940年10月《营造学社汇刊》七卷二期)在学术界崭露头角，他协助梁思成先生撰写《中国建筑史》《A Pictorial History of Chinese Architecture》(图象中国建筑史)，绘制了这两部著作的大部分建筑图，此外，他代表中国营造学社参加中央研究院历史语言研究所前蜀王建墓考察工作，完成了大部分的建筑雕塑测绘图和王建墓雕塑艺术的长篇论文，当即受到学术界的高度重视，可惜由于战乱，论文手稿遗失。新中国成立之初，莫宗江先生积极参与共和国国徽的设计，是国徽设计小组的主要成员。1951年，莫宗江先生参加文化部文物局"雁北文物勘察团"，完成学术论文《应县朔县及晋祠古代建筑》。

晋北应州玲珑宝塔

**晋北应州玲珑宝塔**

品种：老照片——古代建筑照片

属性：古代建筑，民国，黑白，带粘板，相关题跋，单张，无底片

简介：晋北应州玲珑宝塔，题跋为："静斋仁兄惠存，愚弟吴志瑛敬赠，（民国）二五年九月一日"，盖印章

照片尺寸：18x25.5cm　　粘板尺寸：28x36cm

晋北应县古塔

**晋北应县古塔**

品种：老照片——古代建筑照片
属性：古代建筑，民国，黑白，无粘板，相关题跋，单张，无底片
简介：晋北应县古塔

照片尺寸：19.5x13cm    像框尺寸：24.5x19.6cm

塔寶瓏玲縣應北晉

晋北应县玲珑宝塔

品种：老照片——古代建筑照片
属性：古代建筑，民国，黑白，带粘板，相关题跋，单张，无底片
简介：晋北应县玲珑宝塔

照片尺寸：19x13.5cm　　粘板尺寸：30x23cm　华北美术照相

晋北应县玲珑宝塔

## 晋北应县玲珑宝塔

【背景·链接】佛宫寺释迦塔，中国辽代高层木结构佛塔，位于山西省应县城内西北隅佛宫寺内。因塔内供释迦佛，故名。又因塔身全是木制构件叠架而成，所以俗称应县木塔。佛宫寺建于辽代，历代重修，现存牌坊、钟鼓楼、大雄宝殿、配殿等，均经明清改制，惟辽清宁二年(1056)建造的释迦塔巍然独存，后金明昌二至六年(1191—1195)曾予加固性补修，但原状未变，是世界现存最古老最高大的全木结构高层塔式建筑。1934年中国营造学社梁思成对木塔进行考察研究，1935 年实地测绘，1962年文物出版社又曾予以补测考察，古建研究专家陈明达编著了《应县木塔》。1961年国务院公布为全国重点文物保护单位。应县木塔与法国埃菲尔铁塔和意大利比萨斜塔并称为世界三大奇塔。

木塔的设计，大胆继承了汉、唐以来富有民族特点的重楼形式，充分利用传统建筑技巧，广泛采用斗拱结构，全塔共用斗拱54种，每个斗拱都有一定的组合形式，有的将梁、坊、柱结成一个整体，每层都形成了一个八边形中空结构层。设计科学严密，构造完美，巧夺天工，是一座既有民族风格、民族特点，又符合宗教要求的建筑，在中国古代建筑艺术中达到了最高水平，即使现代也有较高的研究价值。

该塔身底层南北各开一门，二层以上周设平座栏杆，每层装有木质楼梯，游人逐级攀登，可达顶端。二至五层每层有四门，均设木隔扇，光线充足，出门凭栏远眺，恒岳如屏，桑干似带，尽收眼底，令人心旷神怡。塔内各层均塑佛像。一层为释迦牟尼，高11米，面目端庄，神态怡然，顶部有精美华丽的藻井，内槽墙壁上画有六幅如来佛像，门洞两侧壁上也绘有金刚、天王、弟子等，壁画色泽鲜艳，人物栩栩如生。二层坛座方形，上塑一佛二菩萨和二胁侍。菩萨、各佛像雕塑精细，各具情态，有较高的艺术价值。塔顶作八角攒尖式，上立铁刹，制作精美，与塔协调，更使木塔宏伟壮观。塔每层檐下装有风铃，微风吹动，叮咚作响，十分悦耳。

晋北应州古塔景

**晋北应州古塔景**

品种：老照片——古代建筑照片
属性：古代建筑，民国，黑白，带粘板，相关题跋，单张，无底片
简介：晋北应州古塔景

照片尺寸：9.5x13.5cm　　粘板尺寸：17x21.5cm

天下奇观 山西应县玲珑宝塔

观 奇 下 天

塔 寶 瓏 玲 縣 應 西 山

**天下奇观 山西应县玲珑宝塔**

品种：老照片——古代建筑照片
属性：古代建筑，民国，黑白，带粘板，相关题跋，单张，无底片
简介：题书"天下奇观 山西应县玲珑宝塔"

照片尺寸：8.5x12.5cm　　粘板尺寸：15x21.5cm

朔县城内文昌阁 （背印：朔县宪兵分队昭和18.8.30.检阅济）

【背景·链接】文昌阁也叫文魁阁，位于朔县城内东、西、南、北四大街交汇处，原有鼓楼。明万历十三年(1585)，在原鼓楼台基上改建文昌阁。据史料载：该建筑高百尺，重檐飞角，宛如云朵簇拥，给人以凌云欲飞之势。阁楼一层供魁星爷，黑脸红发，两眼圆视，头长凌角，脚踩鳌头，右手握朱笔，左手拿墨盒，专点科举取士。阁楼二层供奉文昌帝君，与"文昌寺"功能基本相近。阁楼下为四门通衢，东额"朝阳"，南额"迎熏"，西额"来爽"，北额"镇朔"。下周长二十余步，清顺治十二年(1655)重修。文昌阁每年都要举行祭祀，打醮庆典，笙歌鼓乐，欢快异常。阁南一条街叫中心街，是县城最繁华的商业街。逢年过节，这里车水马龙，人山人海。乡民及市民都要登上阁楼，展望全城景色。这一宏伟建筑，是朔县"文脉"的象征。

1946年6月17日，解放朔县战役打响后，住在衙门院里的官员太太们半夜结伙跑到阁楼一层里躲避，但被解放军三发炮弹从楼间击中，死亡六女一男，后被埋入西关城壕。因阁楼被毁，1950年全部拆除。如今旧城改造，阁楼重建一新。

照片尺寸：13x17.5cm    无粘板

## 朔县城内东大街牌楼（民国二十七年日本人摄）

【**背景·链接**】牌楼也叫牌坊，最早建于周朝。牌坊没有斗拱和屋顶，牌楼是装饰性建筑，增加主体建筑的气势，也是表彰、纪念某人、某事或作为街、巷区域的分界标志等。建筑形式有两种：一是"冲天式"，挂头高出房顶；一是"不出头式"，最高不超楼的正脊。种类有"一间二柱"、"三间四柱"和"五间六柱"等形式。牌楼由基座、立柱(用石料包夹)、斗拱、楼顶和斜柱等组成。民间多用桶瓦、板瓦盖顶，大型建筑的庙宇都用琉璃瓦，另加各种寓意的点缀物。

　　朔县城内大东街的"东关帝庙"建于明代（待考），坐北朝南，山门外和大东街的东西两边，各有一处"三间四柱"牌楼，对面路南有戏台一座，可以三面观看。照片是在牌楼西边路北的屋檐下，向东拍摄的，所以三架牌楼和一座戏台隐约可见。1957年该庙被拆毁，改建为"影剧院"。

照片尺寸：9.1X6.5cm　　无粘板

宁武县丛林延庆禅寺龙华道场摄影　民国二十五年中秋前五日

宁武县丛林延庆禅寺龙华道场摄影　民国二十五年中秋前五日

**【背景·链接】** 据延庆寺第八代方丈澈慧大师撰书的《重修延庆寺乐善不倦碑记》载："宁郡延庆寺，古刹也……百年钟铸之铭，工成详开万历……慧遂于咸丰九年，开堂传戒，清规遵百丈之经，悟道化七心之妄，慎其举恐有误也。""同治元年，兴龙华会，设保安道场，随传二坛戒法，愿从咸正九根，同修十行，庶乎合郡之古刹长明，吉祥永著焉。""慧虽主共谋，而自昔至今，尤有法亲、传海、莲灯、真乘者襄其事，始终不懈焉。"可见，延庆寺的龙华会创始于咸丰九年，兴旺于同治元年。龙华会主要任务有三。一是开坛传戒，讲经说法，提高寺院僧人的佛学修养；二是超度六道四生水陆空含灵无祀孤魂；三是祈求宁武城的安宁吉祥，扩大寺院影响，保持香火旺盛。这也是延庆寺方丈的崇高志向。因此，对于十二年举行一届的龙华法会，延庆寺的僧众倾注了全部的热情和辛劳。筹备龙华会的组织机构，主要由当地各寺院的住持组成，分作水陆堂、华严堂两个部分。这一传统一直延续到抗日战争之前即1936年（民国二十五年）。也就是说这一年是延庆寺的最后一次龙华会。

照片尺寸：20x14cm　　粘板尺寸：30x23cm

五台山滹阳岭尊胜寺全图　民国甲戌五月一日摄影（民国二十三年）

五台山滤阳岭尊胜寺全图　民国甲戌五月一日摄影（民国二十三年）

【背景·链接】尊胜寺在山西省五台县城北20公里西峡村山峪，为五台山南门道上的巨
刹。相传唐代印度僧人佛陀波利在此拜见文殊菩萨，随之建寺。始建于唐，宋代重修，民
国初年又予修葺。寺区古木参天，建筑瑰丽。寺前影壁砖雕精巧，寺内殿堂楼阁皆备，一
连五进院落，逐级向上，层叠有致，左右设经楼禅舍，规模宏伟，布局严谨。大雄殿台基
高耸，建造富丽。无量殿全部砖构，雕刻精致。过去，佛教信徒和游人徒步登五台山，都
经过此地。从五台城出发，翻鸽子岭，下茹湖盆地，然后上滤阳岭，又东北方向穿龙湾，
就直指南台和中台相交的金阁岭了。因此，这里被称为"五峰咽喉"。
　　题书"□凤高先生惠存，五台山滤阳岭尊胜寺（印章）谨送"。

照片尺寸：19.5x14cm　　粘板尺寸：30x23cm

□□学校师生着装校服游晋祠合影纪念

## □□学校师生着装校服游晋祠合影纪念

【背景·链接】晋祠位于山西太原市西南25公里悬瓮山下晋水的发源处，是为了纪念周武王的次子叔虞而建造的。祠内有几十座古建筑，环境幽雅舒适，风景优美秀丽，素以雄伟的建筑群、高超的塑像艺术闻名于世，是集中国古代祭祀建筑、园林、雕塑、壁画、碑刻艺术为一体的唯一珍贵的历史文化遗产，也是世界建筑、园林、雕刻艺术中心。

圣母殿建于宋代天圣年间（1023—1032），是供奉周武王王后邑姜的祠堂，是晋祠内最古老的建筑。晋祠内圣母殿的宋塑侍女（泥塑）、老枝纵横的周柏（齐年柏）、长流不息的难老泉，并称"晋祠三绝"。

参大古树周柏，老枝纵横，盘根错节，位于圣母殿左侧，相传周柏原长在悬瓮山的南涧，树大而繁茂，被唐叔虞的后代发现，圣母殿建成后就把两株柏树移到这里，距今约3000年。周柏本为左右两株，同年所植，故称"古柏齐年"。原圣母殿左边那株树冠向下勾曲，如巨龙腾挪俯瞰，可惜在清道光年间被砍伐。现存这株柏树高18米，树围5.6米，主干直径1.8米。树身向南倾斜45度，巨大的身躯缓缓向南倾卧，粗壮的树冠穿入旁边那株挺拔的擎天柏的树叉之中，此景令人叫绝，不愧为晋祠之"一绝"。

晋水由智伯渠溯流而上，即难老泉。整个泉系，形成整体的建筑组合。难老泉素有"晋阳第一泉"之誉，泉水自悬瓮山下的岩层涌出，潜流十多米，从水塘西岸半壁的石雕龙口注入水塘，看似白练飞舞，听如鸣琴合奏，构成晋祠八景之一的"难老泉声"。是晋水的主要泉源，源前十孔分水，南北两渠。因它晶莹澄澈，冬暖夏凉，畅流不断，终年生生不息，所以北齐时有人取《诗经·鲁颂》中的佳句"永锡难老"，命名为"难老泉"。

此照片取景于"圣母殿"前"难老泉"旁的参天"周柏"之中，实为绝中之妙也。可惜照片中的人物不详。

照片尺寸：14x9.5cm　　粘板尺寸：22x17.5cm　晋祠院内瑞星照相馆摄

年节假期游文瀛湖影萃亭留影　一九三五年一月十日

年节假期游文瀛湖影萃亭留影　一九三五年一月十日

**【背景·链接】** 文瀛湖位于太原市迎泽区儿童公园内，包括山西人民革命烈士纪念塔，孙中山纪念馆、山西省立一中旧址 、万字楼等建筑。山西人民革命烈士纪念塔是1950年3月根据山西省各界第一届人民代表大会决议而建，占地1000余平方米，由月台和纪念碑组成，碑汉白玉质，总高11米。孙中山纪念馆位于公园北端。原为清光绪三十一年(1905)创建的劝工陈列所，亦称劝业楼。坐北朝南，砖木结构，二层硬山式楼房，占地面积326平方米。山西省立一中旧址，位于迎泽区儿童公园内山西省荣军招待所、起凤街铁路宿舍内。原为明清时的贡院，后为山西大学堂、晋阳中学堂等，1913年改为现名。1922年起，高君宇、彭真、贺昌等在此读书，并进行革命活动，是山西省、太原市党团组织的诞生地。学校除利用贡院的部分房屋外，还新建了教室、大门等建筑，存有仿清代悬山顶和硬山顶三排教室，丰树堂(校长室)及部分建筑。现为中共太原支部旧址纪念馆。万字楼位于公园东侧，为抗日战争前阎锡山为纪念其父而建。仿清建筑，平面呈"卍"字形，有屋宇29间。仿歇山顶，周有围廊，辟四门，中心建四角攒尖顶二层楼阁。

照片尺寸：19.5x13.5cm　　粘板尺寸：30x23cm　太原美丽兴照相馆

山西洪洞县古大槐树处迁民古迹摄影

山西洪洞昌古人槐树处迁民古迹摄影

【背景·链接】在中国北方地区，大量的民间家谱、碑文资料对大槐树有详细记载。在许多地方志中都明确记载了在山西洪洞大槐树下集中移民的史实。在河北、河南、山东、东北等地区至今仍流传着一句民谣："问我祖先在何处，山西洪洞大槐树。祖先故居叫什么，大槐树下老鹳窝。"

题书"红尘几度新世界，青山依旧古人乡"。

照片尺寸：19.5x14cm　　粘板尺寸：30x23cm　　洪洞丽华照相馆

山西洪洞县古大槐树摄影系明末迁民之地

山西洪洞县古大槐树摄影系明末迁民之地

【背景·链接】洪洞大槐树，又称古大槐树，位于洪洞县城西北二公里的贾村西侧的大槐树公园内，大槐树是明代迁民的遗址。历史记载，元末动乱，自然灾害频有发生，黄河地区水患尤其严重。同时统治者的高压统治，导致红巾军起义，战乱纷争，民不聊生，人口大量减少。明初洪武年间开始从山西移民垦荒，使农业有所恢复。明惠帝建文元年（1399）又发生了"靖难之变"，战乱四年，又一次造成河北、山东、河南、皖北、淮北等地的荒凉局面，严重破坏了社会经济。明代将山西境内的许多移民集中到此地，再分批迁往其他省份。根据《明史》、《明实录》等史书记载，自洪武六年（1373）到永乐十五年（1417）近50年内，先后共计从山西移民18次，其中洪武年间10次，永乐年间8次。这些移民迁往北京、河北、河南、山东、安徽、江苏、湖北、陕西、甘肃等十余省500多个县市。

照片尺寸：14x9.5cm    粘板尺寸：22x17.5cm    广州玉芳照相馆

# 04

## 【肖像·人物】

民间风俗和人物服饰仍有清末遗风，但扮相上体现了新文化的元素。

当然，能留下影像的人物在农村中也算是名门望族了。

同乡同仁是社交舞台的主角，

情真意切，如同手足，无异伯仲，留影为证。

为生计挣扎的普通民众望尘莫及，也形成了鲜明的对照。

连普通百姓的阴影也看不到，那是最大的遗憾吧！

但可以看出，照相业在当时已经是风靡一时了。

## 大同照像业

【背景·链接】二十世纪初期，照相业在中国兴起。义和团反帝运动爆发后，北京、天津等地的照相馆也被视为"洋玩艺"而受到冲击，致使大量的照相技师纷纷离开京津等地，远走他乡异地。此时大同开始有了照相馆，如设在大北街的华丰照相馆就是在1903年8月开业的。特别是北京至大同的铁路开通之后，照相器材和新技术传入大同，照相业在短短几年间发展起来，一个不足四平方公里的小城就有照相馆十余家，如今在华严寺里放置的民国二十五年修缮华严寺的功德碑上仍可以看到华丰、同芳、义和三家照相馆的捐款记载。

民国二十六年，侵华日军进入大同后，一些日本商人也开始在大同投资兴办照相馆。在日本战败投降前，大同的十五家照相馆中，有三家系日本人所开，即金龙写真馆、西村写真馆、酒宝写真馆。而大同人开的照相馆有广川、华丰、华珍、义和、大美、久顺、义美、三友、新中、联合、天容、玲珑总计十二家。一九四六年，由于战乱的原因，照相馆大量锐减，仅剩七家。其中大北街有义美、华丰、鸿记，大西街有三友、义和、九龙，而大东街仅有一家荣光照相馆。

### 二人庭院照

品种：老照片——个人照片
属性：普通成人，民国，黑白，带粘板，无标志，单张，无底片
简介：二人庭院照

照片尺寸：19.5x13.5cm　　粘版尺寸：30x23cm　　大同广水照相馆摄制

二人结婚照

品种：老照片——个人照片
属性：普通成人，民国，黑白，带粘板，无标志，单张，无底片
简介：二人结婚照

照片尺寸：13.5x19.5cm　粘版尺寸：23x30cm　大同华丰照相馆摄制

二人影室照

品种：老照片——个人照片
属性：普通成人，民国，黑白，带粘板，无标志，单张，无底片
简介：二人影室照

照片尺寸：9x13cm　　粘版尺寸：17x23cm　　大同华丰照相馆摄制

二人影室照

品种：老照片——个人照片
属性：普通成人，民国，黑白，带粘板，无标志，单张，无底片
简介：二人影室照

照片尺寸：13.4x9.5cm　　粘版尺寸：23x17cm　　大同华丰照相馆摄制

三人影室照

品种：老照片——个人照片
属性：普通成人，民国，黑白，带粘板，无标志，单张，无底片
简介：三人影室照

照片尺寸：19.5x14cm　粘版尺寸：30x23cm　大同华珍照相馆摄制

三人庭院照

品种：老照片——个人照片
属性：普通成人，民国，黑白，带粘板，无标志，单张，无底片
简介：三人庭院照

照片尺寸：19.5x14cm　粘版尺寸：30x23cm　大同华珍照相馆摄制

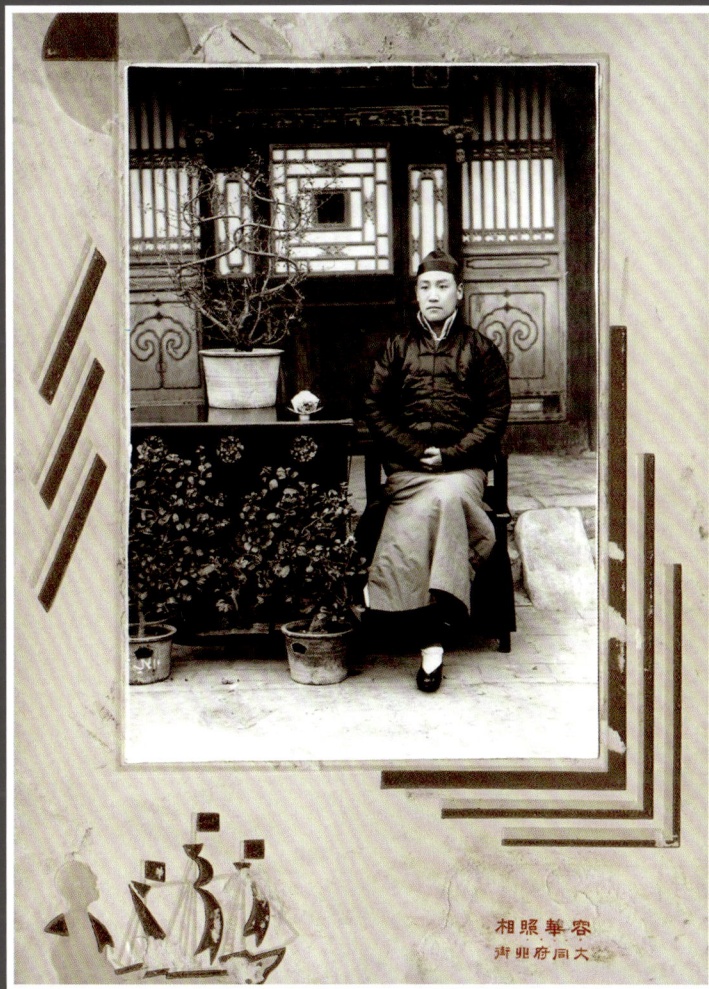

相照華容
大同府衙東街

单人庭院照

品种：老照片——个人照片
属性：普通成人，民国，黑白，带粘板，无标志，单张，无底片
简介：单人庭院照

照片尺寸：9.5x13.5cm　粘版尺寸：17x23cm　大同容华照相馆摄制

四人影室照

品种：老照片——个人照片
属性：普通成人，民国，黑白，带粘板，无标志，单张，无底片
简介：四人影室照

照片尺寸：13.5x9.5cm    粘版尺寸:23x17cm    大同义和照相馆摄制

三人影室照

品种：老照片——个人照片
属性：普通成人，民国，黑白，带粘板，无标志，单张，无底片
简介：三人影室照

照片尺寸：9x13cm　　粘版尺寸：17x23cm　　大同义和照相馆摄制

## 朔州巨人·布衣平民·古城大汉

**【背景·链接】** "古城大汉"名叫马银，居住在朔县北关古城上的三间土窑洞内，故朔县人尊称"古城大汉"。他生不逢时，一介布衣平民，早被历史的尘埃所湮没。这张照片摄于民国二十七年，是日本人照的，时年50岁。1955年病故，享年67岁。他身高2.43米，脚长40厘米，身材匀称，五官端正。背微驼，说话瓮声瓮气，举止言谈、待人接物、喜怒哀乐与普通人没有多大区别。

日寇占领朔县期间，大汉常年在文昌阁北摆摊，卖柳编的提水罐头、笸箩、簸箕等杂货。小日本大小官员只要看见大汉，都要和他照相，因而留此一影。

### 单人照

品种：老照片——个人照片
属性：普通成人，民国，黑白，带粘板，无标志，单张，无底片
简介：单人照

照片尺寸：9.3x13.5cm　粘版尺寸：17x23cm　浑源华鑫照相摄制

照片尺寸：6.7X13cm　无粘板

六人庭院照

品种：老照片——个人照片
属性：普通成人，民国，黑白，无粘板，无标志，单张，无底片
简介：六人庭院照，民国三十年朔县西街李氏

照片尺寸：14x10cm

五台山广宗寺老和尚遗像（临终时留佛偈）

出家五台山广宗寺四十二年 86岁临终时留佛偈
甲午年（1954）圆寂 （法名不详）

【背景·链接】广宗寺位于五台山台怀镇营坊村山腰，俗称铜瓦殿。该寺背依灵鹫峰，面临台怀诸寺，规模虽小，但布局严谨，列为五台山十大青庙之一。广宗寺创建于明正德二年（1507）。占地面积为二千九百平方米，计有殿堂楼房二十八间，布局小巧紧凑。穿过天王殿，面迎铜瓦殿。大佛殿位居正中，因殿为铜瓦盖顶，以固千年，故称铜瓦殿，是该寺的主殿。殿建三间，木建大殿，上覆铜瓦，在五台山寺庙中仅此一处。殿内佛坛下层三尊是铜铸"西方三圣"，正中为阿弥陀佛，两侧为观音菩萨和大势至菩萨。佛家称西方极乐世界是人死后"往生净土"的地方。上层三尊圣像为泥塑，正中为释迦牟尼佛，两侧为文殊菩萨和普贤菩萨。大殿两壁供有铁铸十八罗汉。后壁两角分别供有药师佛和阿弥陀佛。正殿内不太宽阔，供有如此多的圣像，使人感到琳琅满目。正殿前内额挂有康熙御匾，上书"云嶰"二金字。广宗寺内东北角还建有一座墓塔，是原中国佛教协会常务理事、中国佛学院院长法尊法师的灵骨塔，于1981年9月落成。法尊法师于1980年12月圆寂，终年八十岁。广宗寺是法尊法师出家的地方，故他的灵骨塔建在这里。塔高六米，围基三丈，塔身洁白。塔正面中央的石碑上嵌刻有赵朴初书写的"翻经沙门法尊法师灵骨塔"。

照片尺寸：13.2x19.5cm 粘版尺寸：23x30cm

民国二十一年忻县董村郝广山（28岁）与奇村邓承谦（21岁）
摄影纪念

品种：老照片——个人照片
属性：普通成人，民国，黑白，带粘板，相关题跋，单张，无底片
简介：二人影室照，民国二十一年忻县董村郝广山（28岁）与奇村邓
承谦（21岁）摄影纪念

照片尺寸：13x19.5cm　　粘版尺寸：23x30cm　　丰镇华美照相摄制

## 忻县日新铭照相馆

【背景·链接】民国忻州时尚风向标——王众欣和他的日新铭照相馆。清朝宣统元年（1909），王众欣22岁，铭记古语"苟日新，日日新，又日新"的理念，就在古老忻城北大街的石狼巷创立了忻州境内第一家照相馆，名曰"日新铭"。民国初年，王众欣又在照相馆的原址上创办了"石印厂"。日新铭照相馆及石印厂址距巷口５０米，坐北向南，有门庭，内有正瓦房４间，作为营业室；东房２间，作为石印室；西房４间，作为会客厅；南房３间（后为玻璃封房顶，便于照相底板上感光用，这是王众欣的一项创新）作为照相、洗相、修相室。日新铭的照相设备与石印设备在不断完善与更新，从业人员曾达80余人。由于王先生的敬业求新精神，日新铭照相馆、石印厂门庭若市，买卖兴隆，生意越办越红火。民国二十一年日新铭的照相、印刷技术已达到上乘，业务不限于忻州，扩展到定襄、静乐、崞县以至太原。近百年以来，留存在民间的日新铭相片、印刷品屡见不鲜。

## 四人影室照

品种：老照片——个人照片
属性：普通成人，民国，黑白，带粘板，无标志，单张，无底片
简介：四人影室照

照片尺寸：13.5x9.5cm　　粘版尺寸：23x17cm　　忻县日新铭照相馆摄制

单人影室照

品种：老照片——个人照片
属性：普通成人，民国，黑白，带粘板，相关题跋，单张，无底片
简介：单人影室照 樊宗义印

照片尺寸：9x13.5cm    粘版尺寸：17x23cm 忻县日新铭照相馆摄制

# 太原照像业

【背景·链接】据《中国实业志》记载，太原1933年有照相馆8家。1935年为9家，即美丽兴、天光、可达、同生、同喜、美光、博芳、开明、瑞丰相馆（《太原史话》第176页）。其中，以美丽兴照相馆规模最大（地址在按司街），系由阎子安(阎锡山的叔父)、李官迁(督军府副官长)等4人集资银元1万元开设的。技术人员从京津聘来，从业人员6人，月营业额高达3万(银元)，为本行业之首。到1937年照相馆增到13家，从业人员达110多人。

## 六人影室照

品种：老照片——个人照片
属性：普通成人，民国，黑白，带粘板，无标志，单张，无底片
简介：六人影室照

照片尺寸：19.5x14cm　　粘版尺寸：30x23cm　　太原华昌摄影

KO DAH STUDIO
太原可达摄影

三人影室照

品种：老照片——个人照片
属性：普通成人，民国，黑白，带粘板，无标志，单张，无底片
简介：三人影室照

照片尺寸：19.5x14cm　粘版尺寸：30x23cm　太原可达摄影

十一人影室照

品种：老照片——个人照片
属性：普通成人，民国，黑白，带粘板，无标志，单张，无底片
简介：十一人影室照

照片尺寸：18.5x13cm 粘版尺寸：30x23cm 太原美华摄影

单人影室照

品种：老照片——个人照片
属性：普通成人，民国，黑白，带粘板，无标志，单张，无底片
简介：单人影室照

照片尺寸：像高12.5cm    粘版尺寸：14.5x22cm    太原美华照相馆摄制

三人影室照

品种：老照片——个人照片

属性：普通成人，民国，黑白，带粘板，无标志，单张，无底片

简介：三人影室照

照片尺寸：13.8x9.6cm　粘版尺寸：22x17cm　太原美丽兴照相馆摄制

**单人影室照**

品种：老照片——个人照片
属性：普通成人，民国，黑白，带粘板，无标志，单张，无底片
简介：单人影室照

照片尺寸：9.5x13.5cm　粘版尺寸：16x22cm　太原美丽兴照相馆摄制

三人影室照

品种：老照片——个人照片
属性：普通成人，民国，黑白，带粘板，无标志，单张，无底片
简介：三人影室照

照片尺寸：19.5x14cm　　粘版尺寸：30x23cm　　太原野村照相馆摄影

野村照相馆摄影

三人影室照

品种：老照片——个人照片
属性：普通成人，民国，黑白，带粘板，无标志，单张，无底片
简介：三人影室照

照片尺寸：13.5x9.5cm　　粘版尺寸：23x17cm　　太原野村照相馆摄影

民国二十二年夏历六月朔日左石耀亭、王利仁、李培身合影

品种：老照片——个人照片
属性：普通成人，民国，黑白，带粘板，相关题跋，单张，无底片
简介：民国二十二年夏历六月朔日左石耀亭、王利仁、李培身合影

照片尺寸：13.5x9.5cm　　粘版尺寸：23x17cm

山西·同生

**侯成宁印**

品种：老照片——个人照片
属性：普通成人，民国，黑白，带粘板，相关题跋，单张，无底片
简介：单人影室照，侯成宁印

照片高:8.5cm　粘版尺寸:9.5x15.8cm　山西同生照相摄制

榆次聂店村郑光摩赤峰邢文彬等三人合影　民国十七年二月

品种：老照片——个人照片
属性：普通成人，民国，黑白，带粘板，相关题跋，单张，无底片
简介：民国十七年二月榆次聂店村郑光摩赤峰邢文彬等三人合影

照片尺寸：20x14cm　　粘版尺寸：30x23cm

七人庭院照

品种：老照片——个人照片
属性：普通成人，民国，黑白，带粘板，无标志，单张，无底片
简介：七人庭院照

照片尺寸：20x14.5cm　粘版尺寸：30x23cm　太谷两予照相馆摄制

七人影室照

品种：老照片——个人照片
属性：普通成人，民国，黑白，带粘板，无标志，单张，无底片
简介：七人影室照

照片尺寸：19x14cm　　粘版尺寸：30x23cm　祁县蓉光美术照相馆摄制

二人影室照

品种：老照片——个人照片
属性：普通成人，民国，黑白，带粘板，无标志，单张，无底片
简介：二人影室照

照片尺寸：13.5x9.3cm　粘版尺寸：21x14cm　新降光华兴照相馆摄制

灵石县马家山村马崇立

品种：老照片——个人照片
属性：普通成人，民国，黑白，带粘板，相关题跋，单张，无底片
简介：灵石县马家山村马崇立单人照　济南中英美术摄影社

照片高：14cm　粘版尺寸：20x27cm　恒昌厚照相馆

灵石县马家山村马崇立单人照

品种：老照片——个人照片
属性：普通成人，民国，黑白，带粘板，相关题跋，单张，无底片
简介：灵石县马家山村马崇立单人照

照片尺寸：9.3x13.5cm   粘版尺寸：15x20cm   济南中英美术摄影社

単人照

品种：老照片——个人照片
属性：普通成人，民国，黑白，带粘板，无标志，单张，无底片
简介：单人照

照片尺寸：9.5x14cm　　粘版尺寸：14x21cm　交城荣华照相摄制

城 交
荣华照像

**单人照**

品种：老照片——个人照片
属性：普通成人，民国，黑白，带粘板，无标志，单张，无底片
简介：单人照

照片尺寸：9.5x14cm    粘版尺寸：14x21cm    交城荣华照相摄制

二人影室照

品种：老照片——个人照片
属性：普通成人，民国，黑白，带粘板，无标志，单张，无底片
简介：二人影室照

照片尺寸：10x15cm　粘版尺寸：14x21cm　民国济南天真照相馆摄制

四人影室照

品种：老照片——个人照片
属性：普通成人，民国，黑白，带粘板，无标志，单张，无底片
简介：四人影室照

照片尺寸：19x13.5cm　粘版尺寸：30x23cm　满沟正阳街东洲美术摄影

**单人照**

品种：老照片——个人照片
属性：普通成人，民国，黑白，带粘板，无标志，单张，无底片
简介：单人照，人物不详

照片尺寸：9.5x13.5cm　粘版尺寸：14x21cm

五人影室照

品种：老照片——个人照片
属性：普通成人，民国，黑白，带粘板，无标志，单张，无底片
简介：五人影室照

照片尺寸：18.5x13cm　粘版尺寸：30x23cm

## 单人照

品种：老照片——个人照片
属性：普通成人，民国，黑白，带粘板，无标志，单张，无底片
简介：单人照

照片尺寸：13.5x18.5cm    粘版尺寸：23x30cm

五人庭院照

品种：老照片——个人照片
属性：普通成人，民国，黑白，带粘板，无标志，单张，无底片
简介：五人庭院照

照片尺寸：13.5x9.3cm　粘版尺寸：21x14cm

民国时期小脚女人单人照

【背景·链接】三寸金莲属于古代的审美习俗，它源于"女子以脚小为美"的观念。女子到了一定年龄，用布带把双足紧紧缠裹，最终形成尖弯瘦小、状如菱角的锥形。双足缠好后，再穿上绸缎或布面绣花的尖形小鞋（弓鞋），此即为"三寸金莲"。实际上，"三寸金莲"仅属于书面用语，日常语言中常用的则是"小脚"（南方），或"小脚儿"（北方）。

品种：老照片——个人照片

属性：普通成人，民国，黑白，带粘板，无标志，单张，无底片

简介：民国时期小脚女人单人照

照片尺寸：9.6cmX13.5cm　粘版尺寸：14x21cm

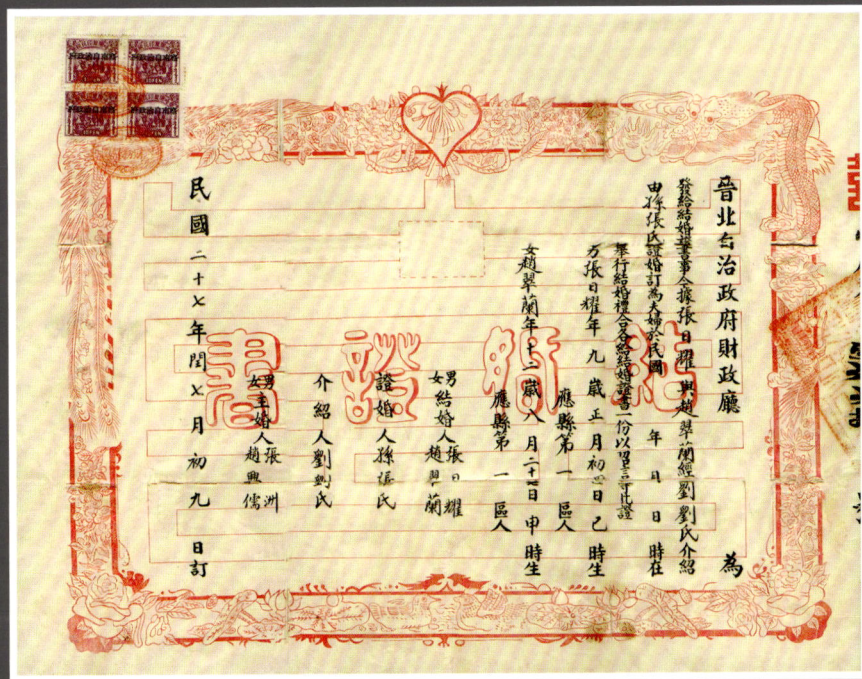

二人结婚照

品种：老照片——个人照片
属性：普通成人，民国，黑白，无粘板，无标志，单张，无底片
简介：民国三十四年张日耀和赵翠兰结婚照 应县照相馆摄制
附：民国二十七年晋北自治政府财政厅颁发的《订婚证书》，贴有察南自治政府征收的壹
角税金《察哈尔盟印花税票》四张。保存至今，十分珍贵。

照片尺寸：13.5x19.5cm　　　证书尺寸：35.5x27cm

# 后 记

《三晋民国老照片》的出版发行，是朔州市"三晋文化研究会"和老朋友高恒如同志的功劳。

他们精心拷贝照片，查证历史背景，不仅编纂文本，还补充了自己收藏的照片，

特别是"朔州天成电冶有限公司"在付梓出版之际鼎力相助。对他们的辛苦和关爱，表示衷心的感谢！

老照片是中华民族的精神财富，

它是旧中国形象化的缩影，从多方面体现了历史的真实，是中华近现代史直观的画册。

从一个建筑到物到人的衣着，方方面面显示着时代的精神。

我喜欢收藏旧照片，

是我在山西省博物馆和山西省应县木塔准备修缮办公室工作期间搞起来的。

人的爱好，好像染上了什么一样，

每次星期六、日总要去太原南宫和北京潘家园文物市场走一走，看一看，这才会心安理得干别的事。

旧照片的收藏，有一条很重要的经验：

要广交朋友，培养积极分子。如太原文物市场有一位很热心的老朋友韩岩同志，

北京文物市场有一位不知名的旧照片传递者，

只要搞到一张品相尚好的照片，就会保存起来送给我。

二十多年的收藏，跑了不少地方，花了不少人民币，也结识了不少新朋友，有感而发：

旧照片，美如画，

近代史上一枝花。

苦难岁月一咔嚓，

社会百态全留下。

难忘的岁月，难忘的朋友。人生有几个难忘？

我和朔州的魏建宝同志，为拍几张照片在东北黑龙江半夜迷路，找不到方向，脚上的鞋破烂了，手也划破了，

在这个关键时刻，我们俩同心协作，终于深夜两三点钟回到了"五大连池"。

当时出租车司机报告了"五大连池"领导，怕我们是坏人，不出来。

公园也鸣枪，让我们听声音，我们也没听到。

公园工作人员批评我们，我们点头承认。司机又把我们送到宾馆住，他才离开。这种为人民服务的精神永世难忘。

当时，我们是去五大连池看2亿年前的活火山口（因五大连池喷发出来，高高低低没有路），

据公园领导讲，附近有动物出来，我们没有遇到。

脚下踩的是松松软软的"苔藓"。

上到火山口，咔嚓两下就往回返，太阳已经西下，迷失了方向，往哪走？没人回答。

建宝同志想了两个办法：看灯光识别方向，爬到地面听"动静"。都没有效果。

由此证明：要拍一张、收藏一张好照片，不是很容易的事，必须付出大的代价才能得到！

当您收到老朋友的"赠书"时，

第一印象：有文字，有照片，图文并茂；

第二印象：文字简洁、流畅，是珍贵难得的历史资料；

第三印象：人生往事，有经验，有教训，可读性强。

如此，则我心足矣！

你们的老朋友 曹安吉

2013年10月20日

图书在版编目（CIP）数据

三晋民国老照片 / 曹安吉收集，高恒如编撰. 一太原：
三晋出版社，2014.6
ISBN 978-7-5457-0985-8

Ⅰ. ①三… Ⅱ. ①曹… ②高… Ⅲ. ①山西省—地方
史—史料—民国—摄影集 Ⅳ. ①K292.5-64

中国版本图书馆CIP数据核字（2014）第137789号

## 三晋民国老照片

| | |
|---|---|
| 收　　集： | 曹安吉 |
| 编　　撰： | 高恒如 |
| 责任编辑： | 李秋芳 |
| 责任印制： | 李佳音 |
| 出 版 者： | 山西出版传媒集团·三晋出版社（原山西古籍出版社） |
| 地　　址： | 太原市建设南路21号 |
| 邮　　编： | 030012 |
| 电　　话： | 0351-4922268（发行中心） |
| | 0351-4956036（综合办） |
| | 0351-4922203（印制部） |
| E-mail： | sj@sxpmg.com |
| 网　　址： | http://sjs.sxpmg.com |
| 经 销 者： | 新华书店 |
| 承 印 者： | 山西臣功印刷包装有限公司 |
| 开　　本： | 787mm×1092mm　　1/12 |
| 印　　张： | 19 |
| 字　　数： | 100千字 |
| 印　　次： | 1-1000册 |
| 版　　次： | 2014年 7月 第1版 |
| 印　　次： | 2014年 7月 第1次印刷 |
| 书　　号： | ISBN 978-7-5457-0985-8 |
| 定　　价： | 228.00元 |